초등학생을 위한
한양도성과 경복궁

한양도성과 경복궁 (초등학생을 위한)

글 · 그림   이향우

초판 1쇄 발행   2025년 3월 30일

펴낸곳   인문산책
펴낸이   허경희
주소   서울시 은평구 연서로 3가길 15-15, 202호 (역촌동)
전화번호   02-383-9790
팩스번호   02-383-9791
전자우편   inmunwalk@naver.com
출판등록   2009년 9월 1일 제2012-000024호

ISBN 978-89-98259-48-8 (73910)

이 책은 지은이와 출판사의 동의 없이 무단전재 및 복제를 금합니다.

값은 뒤표지에 있습니다.

어린이 궁궐 탐방 01

초등학생을 위한
한양도성과
경복궁

글·그림 이향우

인문산책

차례

여러분을 궁궐로 초대합니다___6

문화유산이란 무엇일까요?___10

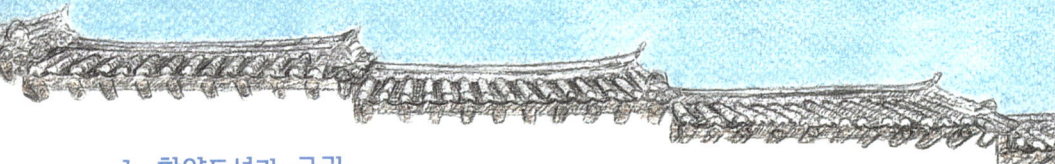

1. 한양도성과 궁궐

옛 서울 한양은 어떤 모습이었을까요?___17

조선왕조의 새로운 수도 한양___20

육조거리와 운종가___22

왜 한양도성을 쌓았을까요?___24

궁궐은 어떤 곳인가요?___27

왜 궁궐이 다섯 개나 될까요?___31

2. 조선의 으뜸 궁궐, 경복궁 탐방

경복궁은 누가 지킬까요?___39

경복궁은 언제 파괴되었나요?___43

경복궁의 큰 문은 어디에 있을까요?___45

경복궁의 정문, 광화문___49

흥례문 영역에는 무슨 건물이 있었나요?___55

영제교의 천록들은 어떤 표정을 하고 있을까요?___57

유화문과 기별청___61

근정문에서 왜 즉위식을 했나요?___62

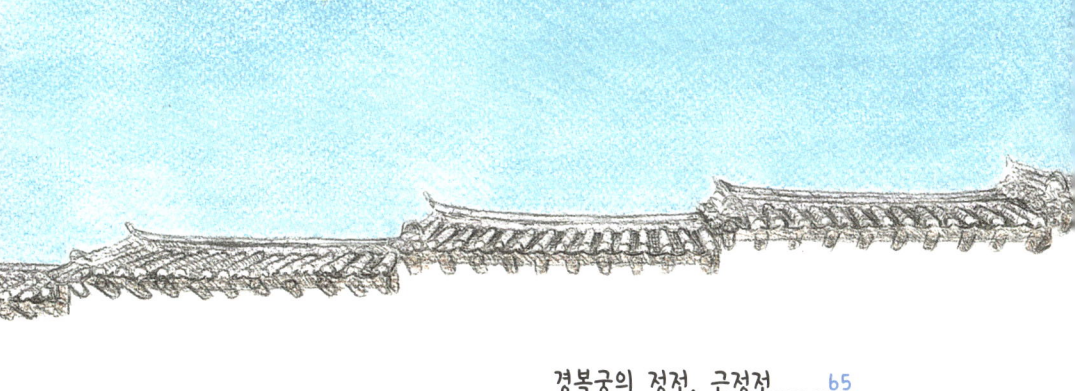

경복궁의 정전, 근정전___65
경복궁의 편전, 사정전___77
연회를 베풀던 곳, 경회루___83
궁궐 안의 관청, 궐내각사___88
수정전 자리에 있었던 집현전___90
임금님의 생활공간, 강녕전___96
왕비님의 집, 교태전___102
꽃담으로 둘러진 자경전___106
음식을 장만하던 소주방___115
왕세자의 집, 자선당___116
돌아온 자선당 주춧돌___120
경복궁의 후원 향원정___122
건청궁과 명성황후___124
귀한 책을 모아 놓은 집옥재___126
신무문 바깥 청와대길___128
왕실 장례를 치르던 태원전___129

부록: 조선의 왕위 계보___132
부록: 궁궐에서 쓰는 말 잇기___133
부록: 십자낱말풀이___134

여러분을 궁궐로 초대합니다

안녕, 어린이 여러분 반갑습니다. 저는 향우 선생님이에요.

먼저 제 소개를 할게요. 저는 우리나라의 역사와 문화를 좋아해서 궁궐에서 자원봉사를 하고 있답니다. 여러분과 궁궐 산책도 하고, 자랑스러운 우리 문화에 대해 많은 이야기를 하고 싶어요.

궁궐은 옛날에는 임금님이 살았던 집이라서 함부로 들어갈 수 없었어요. 그런데 지금 우리나라는 민주주의 사회가 되었어요. 이제 궁궐은 모든 사람이 자유롭게 갈 수 있는 곳이 되었는데, 그만큼 우리의 책임도 중요해졌어요. 임금님이 없는 지금, 우리가 궁궐을 소중하게 지켜야 하는 이유는 바로 궁궐에 우리의 역사와 전통문화가 깃들어 있기 때문입니다.

이곳저곳을 둘러보며 우리 전통 건축과 어우러진 정원의 아름다움과 그 집들이 그 자리에 있는 의미나 그곳에 살았던 옛사람들의 이야기도 생생하게 들을 수 있는 곳이 바로 궁궐이에요. 그래서 지금 제가 여러분과 함께하는 궁궐 탐방은 역사를 공부해야 하는 어렵고 딱딱한 시간보다는, 아름답고 소중한 공간으로 기억하기를 바라는 마음이 훨씬 더 중요하답니다.

서울에는 현재 조선시대에 지은 경복궁, 창덕궁, 창경궁, 덕수궁, 경희궁, 이렇게 다섯 궁궐이 남아 있습니다.

지금 우리가 만나는 궁궐은 원래의 모습과 달리 변한 데도 있고, 그 규모가 작아지기도 했어요. 그렇지만 궁궐은 우리의 자랑스러운 문화유산으로, 그 가치를 이해하고 잘 지켜서 우리 후손에게 물려주어야 할 소중한 공간이랍니다. 궁궐은 바로 우리 조상들의 지혜가 담긴 당시의 생활 모습과 생각 등을 알 수 있는 곳이기 때문이에요. 또한 유네스코 세계유산으로 등재된 종묘와 왕릉 등이 어떤 원리로 만들어지고 지금까지 소중하게 유지되고 있는지 알게 된다면 우리의 역사를 더 잘 이해할 수 있게 되겠지요.

이 책에서는 여러분의 친구 유진이와 동궁이가 조선왕조의 다섯 궁궐과 종묘와 사직, 왕릉을 포함하여 우리의 역사와 문화를 바르게 알고 소중히 지켜나가는 데 도움을 주고자 했습니다. 소중한 우리 문화유산을 잘 알고 지켜가는 일은 누구 혼자가 아닌 한국인으로서 함께해 나가야 할 중요하고 매우 보람 있는 일이기 때문입니다. 뭐든지 궁금한 유진이와 뭐든지 척척인 동궁이랑 함께하는 이번 여행이 여러분을 조선시대로 안내할 거예요.

이제 유진이와 동궁이가 여러분을 궁궐 탐방에 초대합니다. 우리 함께 궁궐에서 만나요.

2025년 3월 이향우

_____ 님

여러분을 궁궐 탐방에 초대합니다

자랑스러운 우리 문화의 산지 궁궐로 여러분을 초대합니다.
타임머신을 타고 옛 선조들이 살았던 궁궐에서
멋진 탐방을 시작해보아요.

초대하는 이
향우쌤, 유진, 동구이

궁궐 탐방대 캐릭터

궁궐에 대해 알기 쉽게 해설해주시는
향우쌤

궁궐에 대해 궁금한 게 많은
궁금이 유진

과거 왕세자로 궁궐에 살았던
동궁이

문화유산이란 무엇일까요?

문화유산이란 인간이 오랜 시간에 걸쳐 만들어낸 가치 있는 전통으로 우리가 타고났거나 혹은 선조로부터 물려받은 것입니다. 현재 우리의 모습은 어머니, 아버지, 그리고 할머니, 할아버지, 또 그 윗대의 우리 조상의 모습이 계속 이어져 온 소중한 얼굴들입니다. 우리의 성격이나 모습이 나 혼자 갑자기 생겨난 게 아니라 어머니, 아버지의 먼 조상으로부터 물려받은 모습이 지금의 나입니다.

그리고 우리가 물려받은 문화유산은 눈에 보이는 형태뿐 아니라 그 당시 사람들의 생활과 지혜가 담겨 있는 모든 것입니다. 조상들이 만들어낸 문화는 시대를 거치면서 발전하고, 독특하고 다양한 모습으로 남아 역사와 전통이 되었습니다. 문화유산은 우리만 즐기고 없어지는 것이 아니라 후손에게 물려주어야 할 소중한 재산입니다. 우리 문화유산의 가치를 알고 이를 함께 지키고 보존해야 하는 이유가 바로 여기에 있습니다.

유네스코에서 정의한 세계유산이란 고고학・선사학・역사학・문학・예술 또는 과학적으로 중요하고 국가가 특별히 지정한 유산과 자연유산을 말합니다. 인위적이거나 자연적으로 형성된 국가적·민족적 또는 세계적 유산은 각 나라나 국제연합교육과학문화기구(UNESCO)에서 보호의 대상으로 규정하고 있습니다. 우리나라는 2024년 시행된 〈국가유산기본법〉에서 국가유산을 문화유산·자연유산·무형유산으로 분류합니다.

〈문화유산헌장〉 - 1997년 12월 8일 제정

문화유산은 우리 겨레의 삶의 예지와 숨결이 깃들어 있는 소중한 보배이자 인류 문화의 자산이다. 유형의 문화재와 함께 무형의 문화재는 모두 민족문화의 정수이며 그 기반이다. 더욱이 우리의 문화유산은 오랜 역사 속에서 많은 재난을 견디어 오늘에 이르고 있다. 그러므로 문화유산을 알고 찾고 가꾸는 일은 곧 나라 사랑의 근본이 되며, 겨레 사랑의 바탕이 된다. 따라서 온 국민은 유적과 그 주위 환경이 파괴·훼손되지 않도록 노력하여야 한다. 문화유산은 한 번 손상되면 다시는 원상태로 돌이킬 수 없으므로 선조들이 우리에게 물려준 그대로 우리도 후손에게 온전하게 물려줄 것을 다짐하면서 문화유산 헌장을 제정한다.

- 문화유산은 원래의 모습대로 보존되어야 한다.
- 문화유산은 주위 환경과 함께 무분별한 개발로부터 보호되어야 한다.
- 문화유산은 그 가치를 재화로 따질 수 없는 것이므로 결코 파괴·도굴되거나 불법으로 거래되어서는 안 된다.
- 문화유산 보존의 중요성은 가정·학교·사회 교육을 통해 널리 일깨워져야 한다.
- 모든 국민은 자랑스러운 문화유산을 바탕으로 찬란한 민족문화를 계승·발전시켜야 한다.

■ 유네스코(UNESCO)

유네스코(UNESCO)는 세계의 교육·문화·과학·사회·정보의 교류를 위해 1945년 설립된 유엔의 전문 기구이다. 유네스코가 하는 일 중 가장 유명한 것은 세계유산 지정이다. 세계유산은 세계문화유산과 세계자연유산, 이 둘의 특징을 동시에 지닌 복합유산으로 구분된다. 대한민국은 1950년 6월 14일 제5차 유네스코 총회에서 정식 회원국으로 가입하고, 한국위원회가 1954년 설치되었다. 유네스코는 이외에 세계기록유산, 인류무형문화유산 등을 유지 관리하는 데 힘쓰고 있다.
한국은 16건의 세계기록유산을 등록시켰는데, 이는 전체 4위에 해당하며 아시아에서는 가장 많은 기록물을 보유하고 있다.

한국의 유네스코 세계유산

세계유산 총16건―문화유산 14건, 자연유산 2건
석굴암과 불국사, 해인사 대장경판전, 종묘, 창덕궁, 수원화성, 경주역사지구, 고인돌 유적, 제주 화산섬과 용암동굴, 조선왕릉, 한국의 역사마을(하회마을·양동마을), 남한산성, 백제역사유적지구, 한국의 산사·사찰, 한국의 서원, 한국의 갯벌, 가야고분군

세계기록유산 18건
훈민정음 해례본, 조선왕조실록, 직지심체요절, 승정원일기, 조선왕조 의궤, 고려대장경판 및 제경판, 동의보감, 일성록, 난중일기, 조선왕실 어보·어책

세계무형유산 22건―종묘제례 및 종묘제례악

■ 한국의 문화유산 유네스코 선정 연도

1995년 석굴암과 불국사, 해인사 장경판전, 종묘
1997년 창덕궁, 수원화성
2000년 경주 역사유적지구, 고창·화순·강화 고인돌 유적
2007년 제주 화산섬과 용암동굴
2009년 조선왕릉
2010년 한국의 역사마을 (하회마을과 양동마을)
2014년 남한산성
2015년 백제역사유적지구
2018년 산사, 한국의 산지승원
　(통도사, 부석사, 봉정사, 법주사, 마곡사, 선암사, 대흥사)
2019년 한국의 서원
　(영주 소수서원, 함양 남계서원, 경주 옥산서원, 안동 도산서원, 장성 필암서원, 달성 도동서원, 안동 병산서원, 정읍 무성서원, 논산 돈암서원)
2021년 한국의 갯벌
　(충남 서천, 전북 고창, 전남 신안, 전남 보성·순천)
2023년 가야고분군

1 한양도성과 궁궐

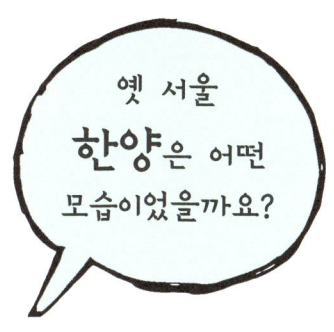

우리나라의 국토는 70퍼센트 이상이 산지로 이루어져 있고, 삼면이 바다로 둘러싸여 있어요. 산이 겹쳐 골짜기를 이루고, 그 아래 물이 흐르고, 그곳에 마을을 이루고 사람들이 살았어요. 그래서 옛날부터 산과 물의 경계에 따라 지리를 구분했습니다.

함경도 안변에서 출발하는 백두대간의 등줄기가 남쪽으로 내려오다가 중간에서 갈라져 서남쪽으로 한북정맥을 이룹니다. 조선왕조가 새 도읍지로 선택한 한양(漢陽)은 한북정맥의 줄기인 북한산과 한남정맥의 관악산이 한강을 가운데 두고 마주 보는 곳에 있는 넓고 평평한 땅으로 한반도의 중심부에 있습니다.

한양은 사방이 산으로 둘러싸여 전쟁과 왜적의 방어에 유리하고, 도성의 중심에 약 18킬로미터의 청계천이 흘렀습니다. 한양은 당시 조선왕조의 수도로서 정치, 경제, 교통, 국방에 유리한 모든 조건을 고루 갖춘 땅이었습니다.

백두대간과 정맥

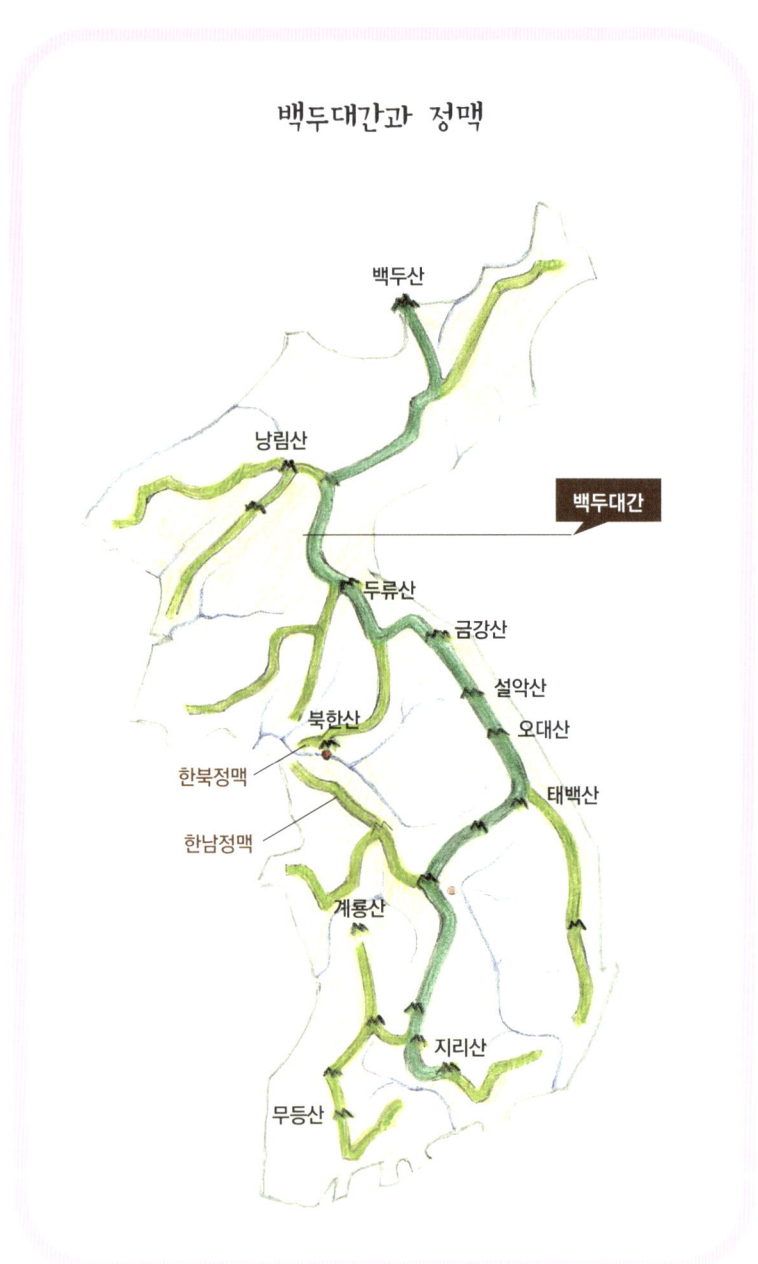

한양도성 백악 구간

한양이 백두대간에 위치했구나!

한북정맥인 북한산과 한남정맥의 관악산 사이에 위치했지.

　　　　　　현재 전 세계의 사람들이 찾는 대한민국의 수도 서울은 아름다운 자연뿐만 아니라 최첨단 과학과 역사가 어우러진 멋진 도시입니다. 서울에는 우리 역사 속의 옛 모습을 알 수 있는 여러 가지 문화유산이 있는데, 궁궐·종묘·사직·4대문·도성 등이 바로 그것입니다.

　조선왕조는 태조 이성계가 1392년 7월 17일 개경의 수창궁에서 즉위하면서 500년의 새 역사를 기록하기 시작했습니다. 태조는 고려의 수도였던 개경에서 한양으로 도읍(수도)을 옮기기로 하고, 1394년 새로 지을 궁궐과 종묘의 터를 살펴본 후에 역사적인 한양 천도(나라의 수도를 옮김)를 단행하였습니다.

　새 도읍이 된 한양은 도시 건설로 바빴습니다. 백악(북악산) 아래에 임금께서 나라를 다스리고 가족과 함께 생활하는 궁궐 경복궁을 지었습니다. 그리고 도시의 동쪽에는 조상을 모시고 제사를 올리는 종묘를, 서쪽에는 토지의 신과 곡식의 신에게 풍년을 비는 사직단을 세웠습니다.

그렇다면 한양을 조선의 수도로 정한 이유는 무엇일까요? 먼저 국토의 중심에 위치하고 물길이 있어서 교통이 편리하다는 장점이 있었고, 사방이 산으로 둘러싸여 외적을 막기에도 적합했답니다.

白岳山

"종묘사직을 굽어 살피소서"라고 말하는 것을 들어보았죠. 종묘와 사직은 나라의 근본을 세우고, 백성의 생활을 풍요롭게 만드는 의미가 담겨 있어 국가 그 자체를 상징하는 말이기도 해요.

한 나라의 수도로서 모습을 갖추기 위해 궁궐과 종묘사직 외에도 필요한 것은 무엇일까요? 바로 관리들이 일하는 관청과 경제 활동이 이루어지는 시장이 있어야 합니다. 그래서 경복궁 광화문 바깥에 큰 길을 내고 양쪽으로 여러 관청을 세웠어요.

광화문 바깥의 남쪽으로 세워진 관청이 있는 육조(六曹)거리는 정치의 중심지였고, 그 길 끝에 맞대어 동서로 길게 생활에 필요한 물건들을 사고파는 시장이 들어섰습니다. 지금의 종로 1가부터 종로 5가까지에 있던 운종가(雲從街)는 경제 활동의 중심지가 되었습니다. 운종가는 사람들이 구름떼처럼 몰려들어 북적거리는 모습을 표현한 이름입니다.

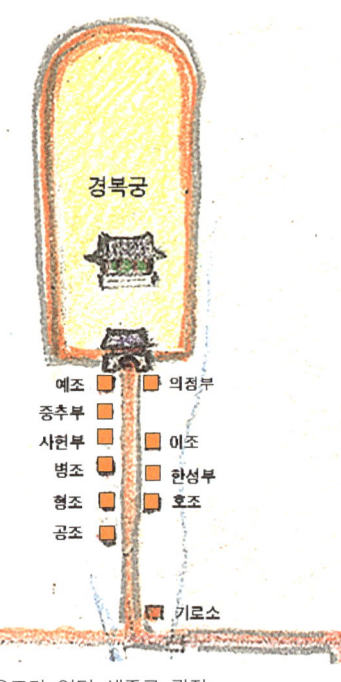

육조가 있던 세종로 광장

그러면 조선시대 광화문 앞의 관청과 육조거리에 있었던 관청은 무엇이었는지 살펴볼까요? 오늘날 대한민국 정부의 기능과 비교해 보는 것도 좋겠지요.

관청	최고 책임자	하는 일	대한민국 부서
의정부	3정승(정1품) : 영의정, 좌의정, 우의정	행정부의 최고 정책기관, 육조 총괄, 국정 논의	국무총리실
중추부	영사(정1품)	무기·군정·경비 담당	방위사업청, 병무청
한성부	판윤(정2품)	서울의 행정·사법 담당	서울특별시청
사헌부	대사헌(종2품)	행정 감찰, 탄핵 주관	감사원, 헌법재판소

관청	책임자	하는 일	대한민국 부서
이조(吏曹)	판서(정2품)	문관 인사권	행정안전부
호조(戶曹)	판서(정2품)	재정, 세무, 회계, 경제	기획재정부
예조(禮曹)	판서(정2품)	의식, 교육, 외교, 제도	외교부
병조(兵曹)	판서(정2품)	무관 인사권, 군사, 우편, 내병조	국방부
형조(刑曹)	판서(정2품)	소송, 형법	법무부
공조(工曹)	판서(정2품)	건축, 수공업, 도구, 산림, 항만	국토교통부, 해양수산부

여섯 관청들은 어디에 있었어?

광화문 앞 육조거리에 있었어.

조선은 초기부터 한양의 치안을 위해 도성을 쌓고 각 방향에 문을 세워 사람들이 드나들게 했습니다. 그리고 도성의 성곽은 외적의 침입에 대비한 방어시설의 역할로도 중요했어요.

한양도성은 한양을 둘러싼 타락산(낙산), 목멱산(남산), 인왕산, 백악(북악산)의 자연 조건을 이용하여 동·남·서·북으로 이어지는 산줄기를 따라서 성벽을 쌓았어요. 한양도성의 길이는 약 18.6킬로미터로 수도를 보호하는 기능을 갖춘 방어시설입니다. 도성의 네 방향에는 사람들이 드나들 수 있도록 4대문을 내고, 시각을 알려주던 종각도 세웠습니다. 각 문을 지키는 군사들이 도성 안과 밖을 오가는 사람들을 살펴보면서 수상한 자의 출입을 통제하고, 밤에는 성문을 닫아서 출입을 금지했습니다.

도성의 대문은 조선이 건국 이념으로 삼은 유교 경전에서 의미를 따와 흥인지문(興仁之門·동대문), 돈의문(敦義門·서대문), 숭례문(崇禮門·남대문), 숙정문(肅靖門·북대문)이라고 이름을 지었어요.

한양도성 인왕산 구간

외적의 침입을 막기 위해 18.6Km의 성곽을 쌓았어.

와! 저렇게 높은 곳까지 성곽을 쌓았다니 대단한걸!

궁궐은 어떤 곳인가요?

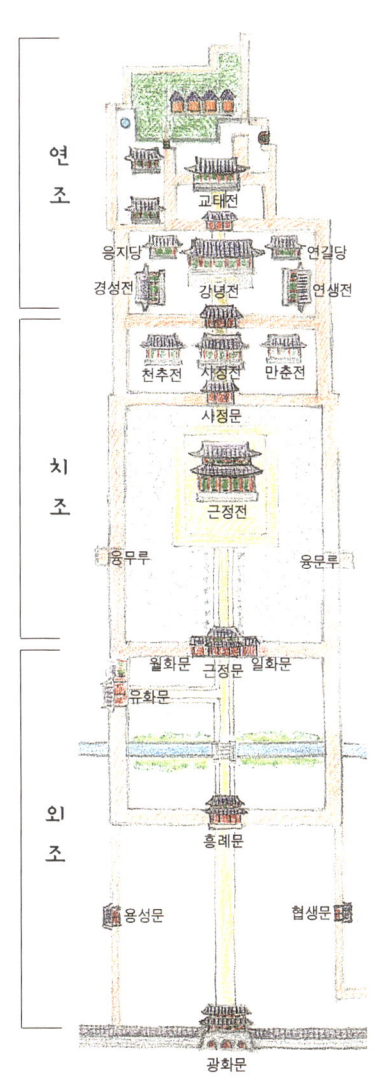

궁궐은 '궁(宮)'과 '궐(闕)'을 합친 말입니다. 궁은 임금님이 나랏일을 하거나 왕실 가족 및 궁궐 사람들이 사는 건물을 뜻하고, 궐은 대문 좌우에 설치한 망루(주변을 살피기 위해 높이 세운 다락집)를 가리킵니다.

유교를 국가 이념으로 받아들인 조선의 궁궐은 고대 중국 주나라 시대의 궁궐 건축에 관한 제도를 받아들였습니다. 그러나 조선왕조는 궁궐을 지을 때 이런 제도를 받아들이기는 하였으나, 우리 궁궐터의 자연 지형이나 그 밖의 형편에 따라 편안한 곳을 가려 집을 지었습니다.

궁궐을 짓는 원리 중에서 가장 기본이 되는 규범을 '전조후침(前朝後寢)'이라고 합니다. 이 말을 쉽게 표현하면 공식 업무 공간이나 시설은 앞쪽에 두고, 그 뒤편으로 사람들이 생활하는 공간을 두는 것입니다. 궁궐의 구조를 임금님이 신하들과 나랏일을 의논하거나 외국의 사신을 만나는 등 공식적인 행사를 하는 외전(外殿)과, 임금님과 왕실 가족이 일상생활을 하는 내전(內殿)으로 구분했습니다.

궁궐의 전각 유형

유형	특징	궁궐 전각
전(殿)	왕의 공식 업무나 왕실 가족의 생활공간 등으로 사용한 제일 격이 높은 집	근정전, 사정전, 인정전, 중화전, 강녕전, 대조전, 교태전, 통명전
당(堂)	일상적인 업무를 보거나 생활하는 곳으로 사용한 집	자선당, 희정당, 석어당, 영화당, 장안당, 연경당, 함화당
합(閤)	주로 개인적인 목적으로 사용한 집	곤녕합, 의두합
각(閣)	2층일 경우 1층 건물을 부르는 말	규장각, 비현각
재(齋)	일상생활을 하는 작은 공간	집옥재, 낙선재, 수강재
헌(軒)	생활공간으로 사용한 작은 규모의 집	석복헌, 집복헌, 기오헌
루(樓)	2층 이상으로 높게 지은 건물	경회루, 주합루, 희우루
정(亭)	휴식이나 연회를 위한 작은 정자	향원정, 부용정, 존덕정

5칸

한국 전통 건물의 크기를 재는 단위로 기둥과 기둥 사이를 1칸이라 하며, 면적을 말할 때는 전면의 칸 수에 옆면의 칸 수를 곱합니다. 전면이 5칸이며 옆면이 3칸인 건물의 면적은 15칸이라고 해요. (정면 5칸×옆면 3칸 = 15칸 집)

왜 **궁궐**이 다섯 개나 될까요?

　　　　　지금 서울에는 다섯 개의 궁궐이 남아 있습니다. 경복궁(景福宮), 창덕궁(昌德宮), 창경궁(昌慶宮), 경희궁(慶熙宮), 덕수궁(德壽宮)입니다. 조선왕조의 이 다섯 궁궐이 모두 동시에 있었던 것은 아니고 시대에 따라 번갈아 사용하다가 폐쇄하기도 하고, 또 새로 지어 오늘날 다섯 궁궐이 남게 된 것입니다.

임금님은 법궁(法宮)과 이궁(離宮)의 두 궁궐을 오가면서 지냈습니다. 법궁은 임금님이 주로 머물면서 정사를 돌보던 으뜸 궁궐을 말하고, 이궁은 임금님의 필요에 따라 옮겨 갈 수 있는 여벌의 궁궐이에요. 자연 상황에 의한 전염병이나 질병의 발생, 또는 화재로 임금님이 궁궐을 옮겨야 하는 경우에 필요했기 때문이에요.

태조가 고려의 수도였던 개경에서 건국한 이후, 새로운 정치 이념을 실현하고자 한양 천도를 단행하여 지은 경복궁이 조선왕조의 첫 번째 법궁입니다. 그리고 1405년(태종 5) 향교동에 새 궁궐인 창덕궁을 이궁으로 지었어요. 이후 성종 임금님 때에는 왕실 가족을 위한 생활공간으로 창경궁을 창덕궁에 잇대어 짓고 경복궁을 법궁으로, 창덕궁과 창경궁을 이궁으로 썼습니다.

1592년 임진왜란으로 한양의 모든 궁궐이 불탔어요. 피난을 갔다가 1년 후 한양으로 돌아온 선조 임금님은 임시로 정릉동에 있던 월산대군의 집을 행궁(나중에 경운궁, 지금의 덕수궁)으로 사용하다가 그곳에서 돌아가셨습니다.

광해군은 즉위 후 우선 창덕궁을 재건하고, 뒤이어 창경궁을 지었습니다. 광해군은 또 왕기가 서려 있다는 터에 경덕궁(경희궁)을 지었으나, 그곳에 머물러보지도 못한 채 인조반정으로 퇴위당하고 말았습니다. 그리고 창덕궁을 법궁으로 사용하고, 서궐인 경희궁이 이궁이 되는 양궐체제가 약 270여 년간 계속되었어요.

1868년 고종 임금님이 경복궁을 짓고 왕실 가족과 함께 옮겨 가면서 경복궁이 법궁이 되고, 창덕궁은 다시 이궁으로 쓰이게 되었습니다. 그리고 1895년 일본에 의해 경복궁에서 왕후가 살해되는 사건(을미사변)이 일어나자 생명의 위협을 느낀 고종 임금님은 이듬해 왕세자(후에 순종 임금님)를 데리고 정동에 있는 러시아공사관으로 피신(아관파천)하였습니다.

　고종 임금님은 1년간 러시아공사관에 머무는 동안 경운궁을 수리하여 환어(임금이 궁궐로 돌아옴)하고, 그해(1897년) 8월 14일 나라 이름을 대한제국으로 바꾸고 황제로 즉위하였지요. 그러나 대한제국을 세계만방에 선포하여 나라의 힘을 되찾으려고 애쓰던 고종 임금님은 1907년 헤이그 특사사건을 빌미로 일본에 의해 강제 퇴위를 당하게 되고, 1907년 순종 임금님이 즉위하였습니다. 그리고 고종 임금님이 머물던 경운궁은 덕수궁이라는 이름으로 불리게 되었습니다.

더 알아보기

양궐체제 : 임금이 두 궁궐을 법궁과 이궁으로 번갈아 사용하는 제도
법궁 : 공식적인 궁궐
이궁 : 법궁 이외의 별궁
퇴위 : 왕의 자리에서 물러나다.
이어 : 다른 궁궐로 옮겨가다.
임어 : 임금님이 궁궐에 머물다.

서울의 5대 궁궐 비교

별칭	궁궐	창건 시기	정문	정전	편전	침전	금천교
북궐	경복궁	태조 3년 (1395)	광화문	근정전	사정전	강녕전 교태전	영제교
동궐	창덕궁	태종 5년 (1405)	돈화문	인정전	선정전	희정당 대조전	금천교
동궐	창경궁	성종 14년 (1483)	홍화문	명정전	문정전	환경전 통명전	옥천교
서궐	경희궁	광해군 12년 (1620) 초기 경덕궁	흥화문	숭정전	자정전	융복전 회상전	금천교
황궐	경운궁 덕수궁	선조 26년 (1593)부터 행궁으로 사용	인화문 대한문	중화전	덕홍전	함녕전	금천교

경복궁 근정전

창덕궁 인정전

창경궁 명정전

덕수궁 중화전

경희궁 숭정전

> 서울의 5대 궁궐을 부르는
> 별칭이 있어요.
> 경복궁을 북궐이라 하고,
> 창덕궁과 창경궁은 동궐이라 하고,
> 경희궁은 서궐,
> 덕수궁은 황궐이라고 해요.

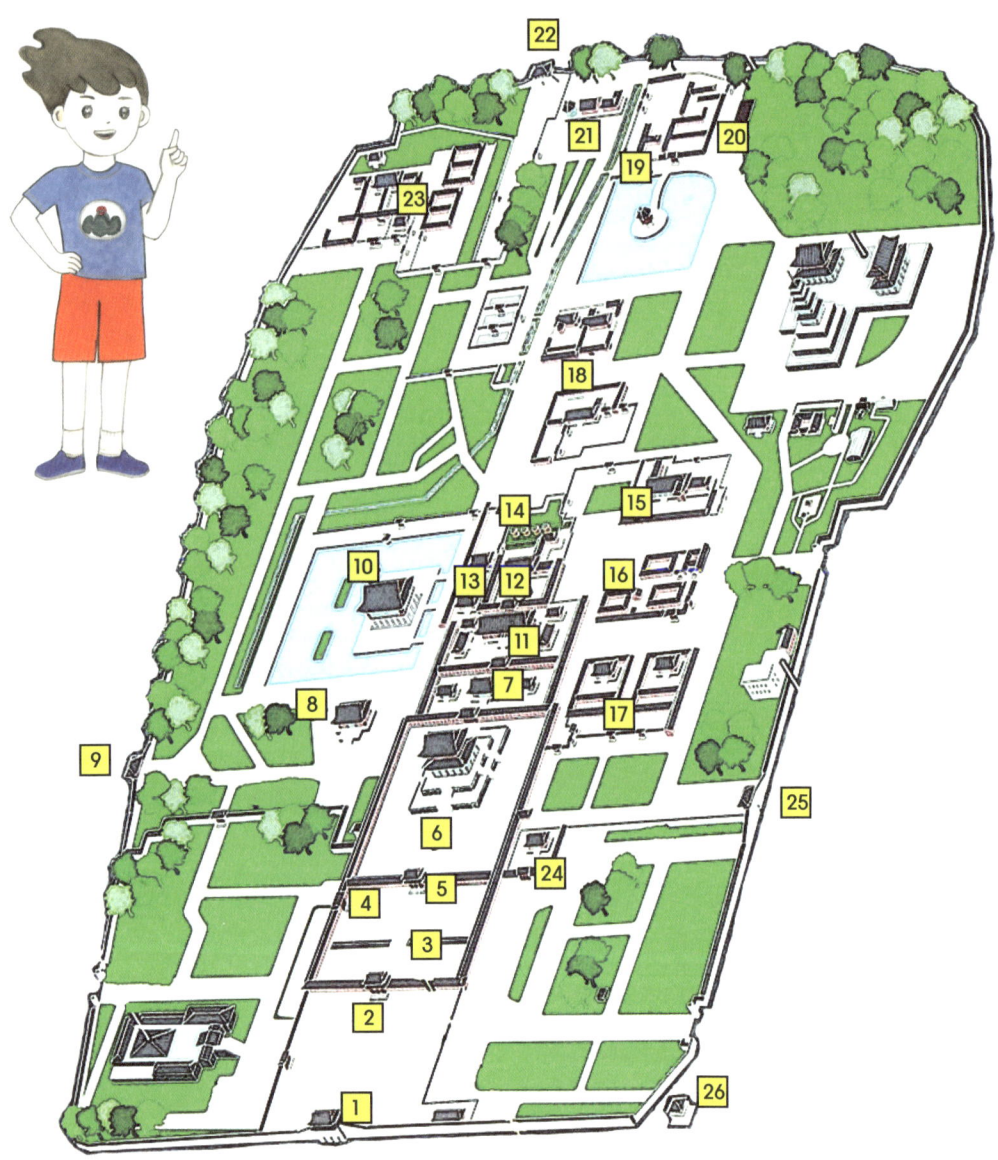

1. 광화문 2. 흥례문 3. 영제교 4. 유화문과 기별청 5. 근정문 6. 근정전 7. 사정전
8. 수정전과 궐내각사 일원 9. 영추문 10. 경회루 11. 강녕전 12. 교태전 13. 흠경각과 함원정
14. 아미산 굴뚝 15. 자경전 16. 자선당 17. 소주방 18. 함화당과 집경당, 흥복전
19. 향원정과 건청궁 20. 자선당 기단과 주춧돌 21. 집옥재 22. 신무문 23. 태원전
24. 개조당 25. 건춘문 26. 동십자각

2
조선의 으뜸 궁궐
경복궁 탐방

첫 번째로 탐방할 궁궐이 경복궁이네.

경복궁은 조선 왕조의 첫 번째 궁궐이자 법궁이었어.

경복궁은 태조 4년(1395)에 세운 조선왕조의 첫 번째 궁궐입니다. 백악(북악)산 아래에 궁궐터를 잡고 정문인 광화문에서부터 남북으로 이어지는 선상에 근정전·사정전·강녕전·교태전 등이 일렬로 지어졌어요.

광화문 수문장

한국전쟁 당시 문루가 타버리고 석축만 남은 광화문

그러나 1592년 임진왜란으로 경복궁, 창덕궁, 창경궁이 모두 불타버렸습니다. 창덕궁과 창경궁은 전쟁이 끝난 후 복원되었지만, 경복궁은 한동안 폐허가 된 채로 있다가 1865년 고종 임금님 때 다시 지어졌어요. 그리고 일제강점기가 시작되면서 경복궁의 많은 건물이 헐리고 조선총독부·산업박람회장 등으로 사용되어 수난을 겪게 되었습니다.

이제 우리는 경복궁의 건물들을 복원하여 본래의 모습을 되찾기 위해 애쓰고 있습니다. 경복궁에 조선총독부 건물이 들어서면서 1927년 다른 곳에 옮겨졌던 광화문은 1950년 한국전쟁으로 많이 부서졌습니다. 1968년에 광화문이 경복궁의 정문으로 돌아오기는 하였으나, 제모습을 갖추지 못하고 있다가 2023년 광화문 앞의 긴 월대를 복원하고 해태상도 그 앞에 세웠습니다.

한 번 옮겨졌던 광화문이 제자리에 돌아오기까지 무려 96년이 걸렸습니다. 이렇게 한 번 잃어버린 역사를 되찾는 일은 여러 사람의 오랜 노력과 시간이 걸린다는 것을 알아야 합니다. 우리 문화와 역사를 제대로 지켜내는 일이 얼마나 중요한지 새삼 생각하게 되는 시간입니다. 그리고 소중한 우리 문화와 역사의 현장을 지켜나가는 일은 앞으로도 여러분이 함께해 나가야 하는 일입니다. 어린이 여러분이 우리 문화를 사랑하고 지켜내려면 우리 역사와 문화를 제대로 알아야겠지요?

〈시정오년기념 조선물산공진회〉 기념엽서에서 경복궁 건물의 3분의 1이 헐린 모습을 확인할 수 있다.

위쪽 기념엽서는 일제강점기 때구나. 지금의 경복궁은 복원된 거구.

일제는 경복궁의 건물들을 철거하고 산업박람회장으로 만들었지.

　　　　　　　　1910년 8월 22일 일제의 강압에 의한 한일합병조약이 조인됨으로써 조선이 국권을 강탈당한 후, 1915년 조선물산공진회는 경복궁에서 박람회를 열었습니다.

　넓은 전시공간을 확보해야 하는 박람회는 도심의 바깥에서 열리는 것이 보통이었으나, 일제는 경복궁의 전각들을 철거하여 전시공간을 만들면서 본격적인 궁궐 파괴를 단행했습니다. 이는 패망한 조선의 왕권을 격하시키려는 의도가 포함되어 있었습니다.

　이때 철거된 경복궁의 전각들은 다른 곳으로 옮겨지거나 팔아 넘겨졌습니다. 조선물산공진회는 일본의 통치 아래 산업적으로 발전한 조선 사회의 모습을 세상에 과시하려 하였고, 자신들만이 조선을 돕고 보호한다는 식민 지배의 정당성을 확보하려 한 것입니다.

　이렇듯 경복궁은 1915년 무렵부터 일제에 의해 철저히 파괴되었고, 1935년 무렵부터는 일반에게 놀이공원으로 공개되는 운명에 놓이게 되었습니다.

2023년 복원된 광화문 월대

경복궁의 동서남북에 큰 문이 있구나.

남쪽에 광화문, 동쪽에 건춘문, 서쪽에 영추문, 북쪽에 신무문이야.

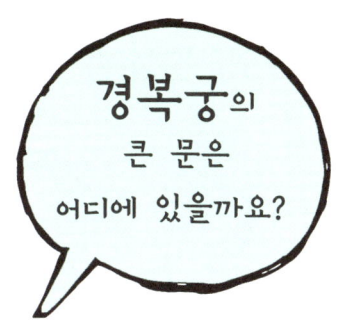

경복궁을 둘러싼 담장에는 동서남북 네 방향에 네 개의 큰문이 있어요. 동쪽에 건춘문(建春門), 서쪽에 영추문(迎秋門), 남쪽에 광화문(光化門), 북쪽에 신무문(神武門)이 있습니다. 각 문의 이름은 방향에 따른 계절을 의미하고, 천장에는 각각의 방위신을 그렸습니다. 각 방향의 문에는 어떤 그림이 그려져 있을까요? 동쪽 청룡, 서쪽 백호, 남쪽 주작, 북쪽 현무입니다.

방위	문 이름	뜻	계절	방위신	상징색	용도
동	건춘문	봄을 세우다	봄	청룡	청색	종친과 궁녀들이 사용
서	영추문	가을을 맞이하다	가을	백호	흰색	관리들이 주로 사용
남	광화문	왕의 덕으로 세상을 비추다	여름	주작	빨강색	정문
북	신무문	신령스러운 현무	겨울	현무	검정색	후원에 갈 때 사용

경복궁의 정문(남문) 광화문

광화문의 주작

경복궁의 대문
(동쪽, 남쪽)

경복궁의 동문, 건춘문

건춘문의 청룡

영추문의 백호

경복궁의 서문, 영추문

경복궁의 대문
(서쪽, 북쪽)

신무문의 현무

경복궁의 북문, 신무문

2023년에 복원된 광화문 현판

광화문은 무슨 뜻일까?

국왕의 큰 덕이 온 나라와 백성을 비춘다는 뜻이지.

경복궁의 정문, 광화문

                    이제 우리 함께 경복궁 탐방을 시작해볼까요? 먼저 경복궁의 남문인 광화문(光化門) 앞입니다.

  광화문은 경복궁의 정문이며, 동서남북에 있는 4개 문 중 남쪽 문입니다. 처음에는 그냥 오문(午門) 또는 정문으로만 불리다가 세종 임금님 때에 정식으로 광화문으로 불리게 되었습니다. 광화문의 이름은 국왕의 큰 덕이 온 나라와 백성을 비춘다는 뜻입니다.

  광화문은 경복궁 남쪽의 문이므로 4방위신 중 주작(朱雀)이 가운데 홍예문 천장에 그려져 있어요. '홍예'란 문이나 다리의 머리 부분을 둥근 무지개 모양으로 틀어 지은 건축 기법을 말합니다. 양쪽의 홍예 천장에도 각각 기린(麒麟-동쪽)과 현무(玄武-서쪽)가 그려져 있습니다. 광화문의 가운데 홍예는 임금께서 드나들던 문이고, 양옆의 동쪽 문으로는 문관이, 서쪽 문으로는 무관이 드나들었습니다.

  광화문 담장의 양끝에는 동십자각과 서십자각이 있어서 조선시대 다섯 궁궐의 정문 중 유일하게 망루가 있는 문입니다.

광화문 밖으로는 정치와 행정의 중심축인 육조거리가 있었고, 그 육조거리는 다시 경제의 중심인 운종가와 맞닿아 있었습니다. 이는 광화문이 한양의 정치와 경제의 중심축을 잇는 곳에 자리하여 조선왕조의 궁궐이 갖는 위엄을 보였습니다.

　현재 서울 광화문광장의 이순신 장군 동상이 있는 세종로에서 광화문까지 길게 뻗은 도로 좌우에 많은 건물이 보입니다. 조선시대에는 이곳에 주요 관청들이 줄지어 있어서 육조거리라고 불렀어요.

　이 육조거리를 지나 경복궁의 정문인 광화문 월대까지 가면, 월대 양쪽에 두 마리의 해치가 경복궁으로 들어가는 사람들을 지켜보고 있습니다. 옛날 경복궁에 들어갈 때 관리들은 이 해치 앞에서부터는 말이나 가마에서 내려 걸어 들어가야 했습니다.

조선시대 육조거리가 있었던 현재의 세종로 광장

세종로 광장에서 광화문까지 길게 이어진 길 양쪽에 육조의 관청들이 있었네.

그래서 이곳을 육조거리라고 불렀지.

> 더
> 알아보기

- 경복궁 수문장 교대의식
1. 일시 : 매일 (화요일 제외)
2. 시간 : 오전 10시, 오후 2시
3. 장소 : 광화문 월대
4. 소요 시간 : 20분

- 광화문 파수의식
1. 일시 : 매일 (화요일 제외)
2. 시간 : 오전 11시, 오후 1시
3. 장소 : 광화문 월대
4. 소요 시간 : 10분

흥례문 영역에 무엇이 있었어?

일제강점기 때 조선총독부 건물이 있었어.

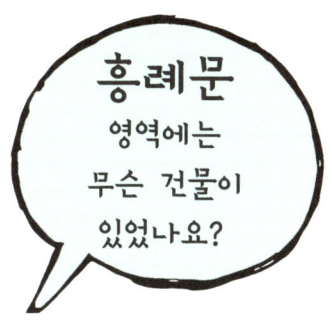
흥례문 영역에는 무슨 건물이 있었나요?

　　　　　　　　　지금까지 광화문 바깥 육조거리를 둘러보았으니 이제 흥례문(興禮門)을 통해 궁궐 안으로 들어가볼까요.
　일본이 흥례문 영역에 조선총독부 건물을 지으면서 흥례문과 돌다리가 없어졌다가 2001년에 복원했지요. 하필이면 임금님이 나라 정치를 살피던 근정전 앞쪽에 우리의 주권을 빼앗고 식민지로 지배했던 조선총독부 건물을 세웠지요. 지금은 옛 모습을 찾았지만, 조선총독부 건물이 있을 때 경복궁의 풍경은 매우 초라했답니다.

경복궁 근정전 앞쪽에 들어선 조선총독부 건물

조선의 으뜸 궁궐, 경복궁 탐방

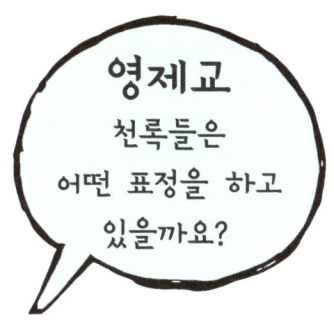

영제교
천록들은 어떤 표정을 하고 있을까요?

　　　　　　　　흥례문을 들어서면 궁궐 안으로 들어가기 전에 우선 작은 냇물이 흐르는 돌다리, 영제교(永濟橋)를 건너게 됩니다. 사람들이 함부로 궁궐에 들어오는 것을 막고, 궁궐 문을 들어선 사람은 임금이 계신 안쪽으로 들어가기 전에 마음을 바르게 가다듬으라는 의미의 금천교(禁川橋)입니다. 궁궐은 국왕이 나라 정치를 펼치는 신성한 곳이기 때문에 영제교는 왕의 공간과 외부 공간을 구분 짓는 상징입니다.

　다리 아래의 냇물은 풍수지리사상에서 배산임수(背山臨水: 집의 뒤에는 산을 등지고 앞으로는 물이 흐르는 땅의 조건)의 명당수로 서쪽에서 동쪽으로 흐릅니다. 다리는 두 개의 홍예를 틀어 만들고 다리 위에는 왕의 어도(御道: 왕이 행차하는 길)를 구분해놓았습니다.

　영제교 양쪽에는 네 마리의 돌짐승이 험상궂은 표정으로 각기 물길을 바라보고 있습니다. 그리고 금세라도 물에 뛰어들 것처럼 잔뜩 웅크리고 있어요. 물길을 타고 궁궐에 몰래 침입하려는 나쁜 기운이 있으면 당장에 달려들어 혼을 내고 쫓아내려나 봐요.

이 돌짐승의 이름은 천록(天鹿)이라고 하는 상상의 동물이에요. 천록은 머리에 뿔이 하나 있고, 몸에는 비늘이 덮여 있으며, 나쁜 기운을 물리치는 벽사(辟邪: 귀신을 물리치다)의 능력을 지녔다고 합니다.

혀를 메롱 내밀고 있는 영제교의 천록

그런데 참, 천록 중에 한 아이는 혓바닥을 낼름 내밀고 '메롱!' 하고 있네요. 그런데 자세히 보니 메롱 천록의 윗입술이 깨졌어요. 어! 너 다쳤구나. 우리도 무슨 일을 할 때 마음을 단단히 먹고 집중하게 되면, 자신도 모르게 입에 힘을 주고 혀를 꾹 물기도 하잖아요. 너도 다른 친구들처럼 우리 궁궐을 굳게 지키려고 결심한 모습인데 윗입술이 깨져서 개구쟁이처럼 보였구나. 장난치고 있는 줄 알고 오해해서 미안해. 그래도 너를 만나서 즐거웠단다.

그런데 물밑을 바라보고 있는 천록 중에는 등에 구멍이 난 천록도 있어요. 경복궁을 다시 지을 때 남별궁(중국 사신의 숙소)에 있던 이 천록을 가져와서 제자리에 두었다고 합니다. 천록이 탐이 난 태종의 부마(임금의 사위) 조대림이 자기 집으로 이 천록을 가져갔고, 이 집(태종의 둘째 딸 정경공주의 집)은 나중에 남별궁이 되었는데, 남별궁에 머물던 청나라 사신은 이 천록이 매우 신령스럽고 괴이하다고 하여 그 등에 구멍을 내어 흙으로 메웠다고 해요. 혹시 천록의 등에 작은 나무를 심어서 감상하려고 했을까요? 아무튼 궁궐을 지

등에 구멍이 나 있는 영제교의 천록

키던 천록을 욕심내어 자기 집으로 가져간 사람이나 구멍을 내어 망가뜨린 청나라 사신이나 다 해서는 안 될 짓을 했습니다. 그래도 이렇게 다시 돌아와 주어서 고마워, 천록들아.

자, 그럼 우리도 친구가 되어 반가운 천록처럼 메롱하면서 궁궐 탐방을 계속해볼까요?

> 궁궐을 지키는 서수는 상상의 동물로 여러 형상이 있어요.
> 사방신은 네 방위를 지키는 수호신으로 청룡, 주작, 백호, 현무를 말해요.
> 해치(해태)는 싸움이나 충돌이 있을 때, 어긋난 행동을 한 자를 뿔로 받죠.
> 나티는 나쁜 기운을 물리치는 도깨비 얼굴을 하고 있어요.

창경궁 옥천교의 나티(귀면) 조각

흥례문 행각 왼쪽의 유화문(維和門) 밖으로는 경복궁의 서쪽 궐내각사(闕內各司)가 있었습니다. 궐내각사와 빈청으로 출입하는 관리들이 유화문으로 드나들었습니다. 근정문 앞에서 조회뿐만 아니라 국문이나 교서(왕이 신하, 백성, 관청 등에 내리던 문서) 반포(널리 알리는 일) 등이 이루어졌으므로, 궐내각사와 빈청의 관원들은 유화문을 주로 사용했어요.

흥례문 영역 서편 행각의 유화문 옆에 작은 방, 기별청(奇別廳)이 있습니다. 기별청에서는 승정원에서 처리한 국정 사안(나라 정책에 관련된 일)을 매일 오전에 알렸는데, 이를 기별이라고 합니다. 기별은 조정에서 아침마다 반포한다고 해서 조보(朝報)라고도 불렀습니다. 오늘의 신문이나 뉴스 보도처럼 각 관청과 백성들이 알아야 할 일을 써서 나라에서 발표하던 소식지를 말해요. 육조거리의 각 관청에서는 기별청에 와서 각 관서에 해당하는 사항을 베껴서 가져가고, 지방의 먼 관서에는 기별군사가 파발(말을 타고 달려가 알림)로 기별을 돌렸습니다.

　　　　　　　　근정문은 왕과 신하가 조참(朝參: 조회)
행사를 하던 곳입니다. 왕은 근정문의 가운데 칸에 어좌를 설치하고 남쪽을 향해 앉고, 신하들은 흥례문 마당에 나란히 서서 임금님에게 예를 올렸습니다. 근정문은 사람이 드나드는 출입문의 역할뿐 아니라 임금님의 정치적인 활동이 시작되는 곳입니다.

　그중 중요한 일로는 근정문 앞에서 국왕의 즉위식을 행했습니다. 왕조의 새 하늘을 여는 중요한 국가의식 중 하나인 즉위식은 대부분 선왕의 장례 기간 중에 치러졌습니다. 그래서 국왕의 즉위식은 대부분의 사람들이 생각하는 흥겨운 잔치 분위기가 아니었어요. 선왕이 돌아가신 지 6일째 되는 날에 새 임금님의 즉위식이 열렸습니다. 아버지가 돌아가셨으니 왕세자는 얼마나 슬펐겠어요.

　그러나 신하들이 더이상 임금의 자리를 비워 둘 수 없다고 재촉을 하니 왕세자는 눈물을 흘리면서 즉위식을 해야만 했답니다. 왕세자는 면복(冕服: 임금의 예복)으로 갈아입고 돌아가신 아버지를

영제교에서 바라본 근정문

모신 빈전(殯殿)에서 왕권을 상징하는 대보(임금의 도장)를 받습니다. 걸어서 근정문까지 온 왕세자는 문 앞 중앙에 놓은 임시 어좌에 앉아 즉위하고 새 임금이 즉위한 일을 알리는 교서를 반포했습니다.

그런데 즉위식을 하는 도중 왕세자가 너무 슬프게 우는 바람에 신하들도 따라 울지 않는 사람이 없었다고 해요. 즉위식을 마친 새 임금님은 빈전으로 가서 다시 상복으로 갈아입고 또 슬프게 울었답니다.

근정전 상월대의 어계

> 조정 마당에 깔려 있는
> 얇은 돌은 박석이라고 해요.
> 임금님이 다니시는 가운데 길(어도)과
> 좌우로 나뉘어 있는 길은 삼도라고 해요.
> 삼도 좌우에 세운 표지석은 품계석이에요.
> 동쪽에 문신이, 서쪽에 무신이
> 지위에 따라 서 있던 곳이지요.
> 어칸석에는 상상의 동물인 용이나 봉황이
> 새겨져 있어요.

어칸석의 봉황 문양

경복궁의 정전, 근정전

근정전은 경복궁의 정전(법전)입니다. 정전은 궁궐에서 가장 중요한 건물로 중요한 행사가 펼쳐지는 공간인데 한눈에 보기에도 높은 단 위에 우뚝 선 모습이 당당하게 느껴지지요. 정전 앞의 넓은 마당을 조정(朝廷)이라고 합니다. 조정은 신년하례식(새해인사), 조회, 즉위식, 대례(왕이나 왕세자의 혼례), 세자책봉식, 외국 사신 영접 등 중요한 국가 행사를 하던 곳입니다. 근정전에서는 어떤 것들을 볼 수 있을까요?

근정전 월대의 서수 조각

　근정전의 월대(건물을 받치는 높은 단)는 윗단의 상월대와 아랫단의 하월대로 되어 있습니다. 월대 기둥의 조각은 동·서·남·북 네 방향의 가운데 계단 기둥에는 사방신이 한 쌍씩 있고, 그 아래 기둥에는 하늘의 28수 별자리를 나타내는 동물 조각이 방향에 따라 있어요. 그리고 하월대 동서남북 네 방향의 기둥에는 12간지 중에서 토끼, 닭, 말, 쥐가 방향과 시간을 보여주는 위치에 있습니다. 동물 조각으로 하늘의 별자리를 근정전 월대에 표현한 것은 국왕을 시간과 공간을 뛰어넘는 신성한 존재로 보기 때문입니다.

　월대의 남쪽 동서 양끝에는 궁궐을 지키는 해태 가족이 조각되어 있는데, 그 모습이 아주 재미있습니다. 각자 자기 위치에서 왕을 호위하는 호위병의 노릇을 하고 있어요. 엄마를 따라온 새끼가 어미의 옆구리에 찰싹 붙어 있는 귀여운 모습이 보입니다. 어미의 젖을 빨고 있을까요? 동물까지도 대를 이어 왕을 지키겠다는 충성스러운 각오를 엿볼 수 있는 조각입니다.

해태 가족상

● 경복궁 근정전 월대의 방위와 시간 개념을 보여주는 서수 배치

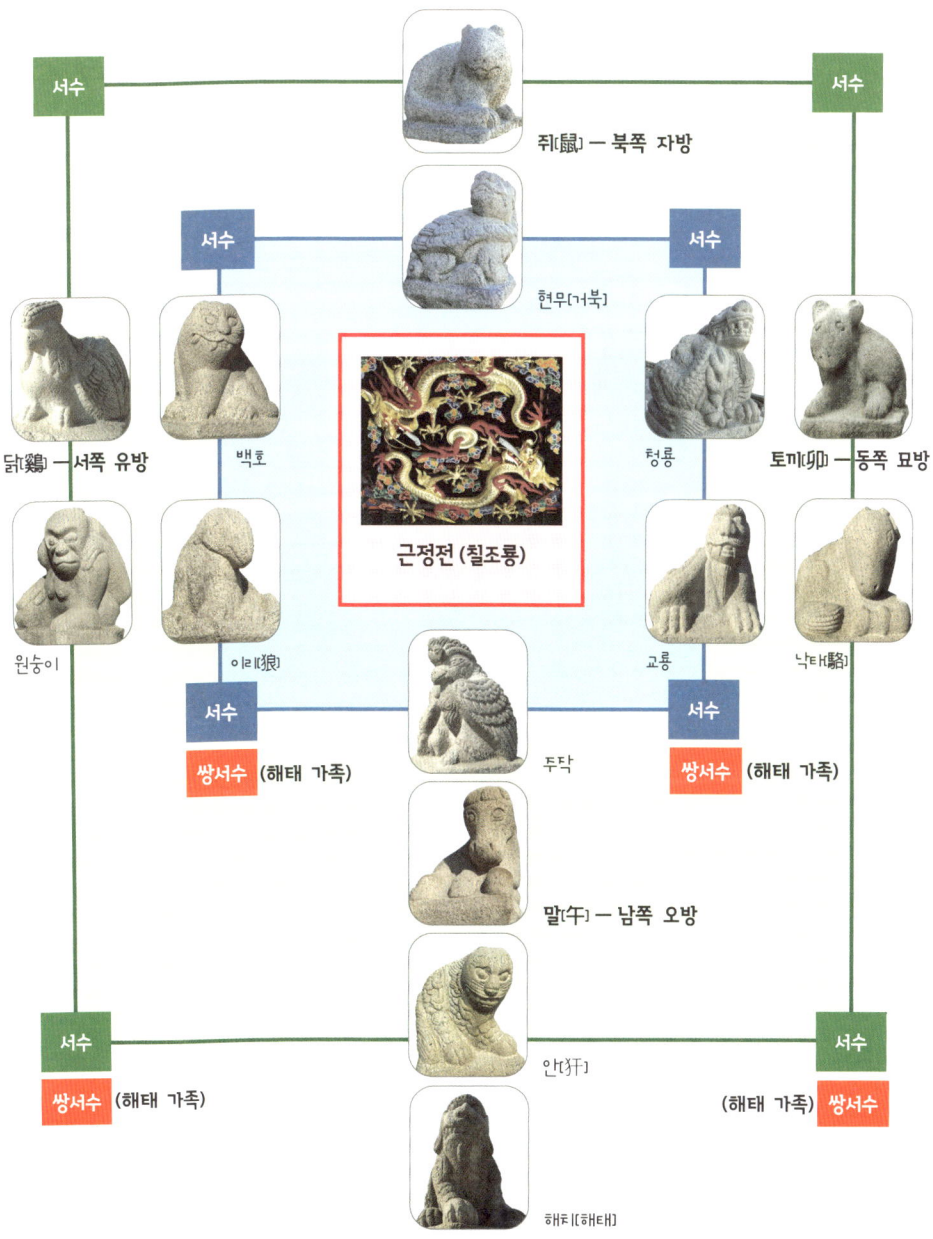

근정전 월대의 동물 조각들은 이빨을 앙 다물고 있기는 하지만 무서운 인상은 아니에요. 남쪽 기둥에 있는 말은 학교에 갓 입학한 초등학교 1학년 동생 같아요. 약간 긴장한 듯 수줍어하는 표정이 아주 예쁘네요. 임금이 계시는 근엄한 궁궐에서 이런 우스꽝스러운 표정이 참 재미있습니다. 그건 우리가 아주 선량한 마음을 가진 민족이라서 우리를 닮은 모습이 나오는 거예요.

중국이나 일본 궁궐의 서수 조각들을 보면 아주 사납고 무서워서 실제로 두려운 마음이 들게 합니다. 사실은 그렇게 무서운 인상이라야 아무나 함부로 궁궐에 들어오지 못하게 겁을 줄 수 있는 데 말이죠. 우리나라 산에서 나는 화강암은 단단하고 거친 돌입니다. 우리 옛 석공은 단단한 화강암의 성질을 알고 그 돌이 드러내고 싶어 하는 두리뭉실하고 편안한 인상을 허락했을 거예요. 바로 우리 땅에서 나오는 가장 흔한 돌 화강암이 지니는 투박하고 거칠지만 따뜻한 돌의 성질을 이끌어낸 조선 석공들의 뛰어난 솜씨를 근정전 석수 조각이 보여주고 있습니다.

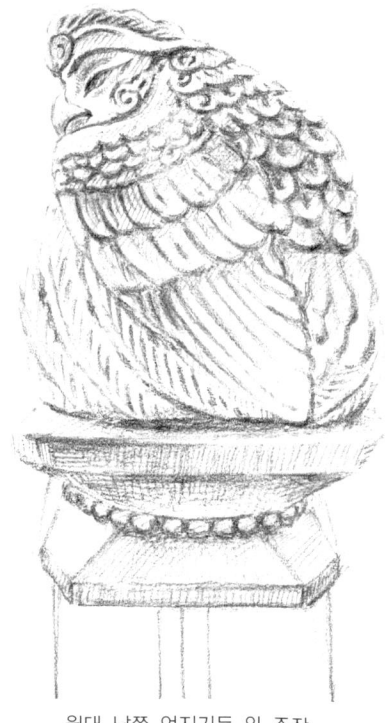

월대 남쪽 엄지기둥 위 주작

근정전❶의 정

정(향로)은 왕권을 상징하는 배가 둥근 솥으로 테두리에 귀가 둘 달린 향로 모양입니다. 근정전 월대 양쪽에 있는 큰 정은 이곳에서 행사가 있을 때 향을 피웠습니다. 정은 다리가 세 개인데, 왕의 권위와 명예와 부를 상징합니다. 다리의 사자를 닮은 동물 모양은 불과 연기를 좋아하는 산예(狻猊)입니다.

근정전의 드므

　근정전 하월대 모퉁이에 있는 무쇠로 만든 큰 물동이는 드므라고 부릅니다. 지금은 드므에 뚜껑을 씌워 놓아 무엇에 쓰는 물건인지 잘 모르는 사람이 많습니다. 드므는 불을 끄는 물을 채워놓았던 소방기구입니다.

　옛날에 집을 지을 때 기와와 주춧돌을 제외하고는 대부분 나무를 썼고, 목조 건축은 불이 나면 아주 위험합니다. 더구나 회랑으로 연결되어 있는 궁궐의 건축은 더더욱 화재를 염려하지 않을 수 없었겠지요.

　옛사람들은 화마(火魔)가 하늘로부터 온다고 믿었는데, 집을 향해 오던 화마가 드므의 물에 비친 흉한 자기 모습에 놀라 달아난다고 믿었습니다. 세상에, 불귀신이 얼마나 무시무시하게 못생겼으면 제 모습에 놀라 도망을 칠까요?

　그리고 동지에는 드므에 팥죽을 쑤어 나누어 주었다는 이야기도 있어요.

근정전 천장의 칠조룡

근정전 안을 들여다보면 바닥에 검은 벽돌을 깔고 높은 단 위에 임금님이 앉는 용상(어좌)이 있어요. 그리고 용상 위에는 화려한 닫집이 있고, 어좌 뒤에 일월오봉병(병풍)이 둘러 있습니다.

근정전 천장의 한가운데에는 왕권을 상징하는 황금 용이 한 쌍 매달려 있습니다. 왕의 지위를 상징하는 용의 몸에는 81개의 비늘이 있는데, 그 비늘 중에서 턱밑에 거꾸로 난 비늘 한 개를 역린(逆鱗)이라고 부릅니다. 역린의 뜻은 용의 턱밑에 있는 비늘을 잘못 건드려서 용을 화나게 한다는 말이에요. 용은 평소에는 점잖고 너그럽지만, 누가 자칫 역린을 건드리면 그를 아주 무자비하게 죽인답니다. 이 말은 어떤 사람이 임금께 함부로 말하거나 바르지 못한 행동으로 임금을 화나게 하면 죽음을 각오해야 한다는 말입니다.

근정전의 용은 일곱 개의 발톱을 가진 칠조룡입니다. 예로부터 용의 등급은 그 발가락 수로 구분했어요. 황제나 제왕의 용은 다섯 개의 발톱으로 그려지는데, 그런데 칠조룡이라니, 와! 대단한 근정전의 용이네요. 누군가 조선의 기상을 높이 세우기 위해 근정전에 칠조룡으로 조각한 게 아니었을까요.

천장에 용이 있어!

근정전의 용은 일곱 개의 발톱을 가진 칠조룡이야.

근정전 용상의 일월오봉병

정전의 용상은 아주 높게 설치되어 있고, 그 뒤에 일월오봉병을 둘렀습니다. 병풍의 그림은 일월오악도(日月五嶽圖)로 불리기도 합니다. 해와 달, 다섯 개의 산봉우리가 보이고, 붉은 줄기의 소나무와 양쪽 계곡에서 쏟아지는 힘찬 폭포가 물보라를 만들고 있으며, 산 아래에는 넘실대는 파도가 펼쳐져 있습니다. 일월, 즉 해와 달은 양과 음의 개념으로 왕이 지배하는 우주를 의미하기도 합니다. 오악(다섯 봉우리)은 왕이 다스리는 우리나라 땅으로, 동쪽의 금강산, 남쪽의 지리산, 서쪽의 묘향산, 북쪽의 백두산, 중앙의 삼각산입니다. 일월오악도에는 파도를 그려서 정사를 펼치는 조정을 의미했는데, 바다의 파도 조(潮)와 조정(朝廷)의 조(朝)의 발음이 같은 데서 유래합니다.

이 그림은 왕의 절대적 권위에 대한 칭송과 왕조의 끝없는 번영을 기원하고, 임금의 큰 덕이 나라 구석구석까지 해와 달처럼 환하게 비춰서 나라 안이 평화롭게 다스려지기를 바라는 마음이 담겨 있습니다.

일월오봉도에는 해와 달과 다섯 개의 봉우리가 있구나.

다섯 봉우리는 금강산, 지리산, 묘향산, 백두산, 삼각산을 의미해.

경복궁의 편전,
사정전

　　　　　　　　근정전 뒤에는 임금님의 사무실인 사정전(思政殿)이 있습니다. 사정전의 이름은 '임금이 깊게 생각해서 옳고 그름을 가려 백성을 굽어살필 수 있는 마음가짐을 가져야 한다'는 의미입니다.

　사정전 안에는 어좌가 있고, 바닥은 마루로 되어 있어요. 나라를 위해서 일하는 임금님과 신하들의 모습을 상상해 보세요. 사정전 좌우에는 만춘전과 천추전이 있는데, 날씨가 추울 때 쓰기 위해 온돌방으로 되어 있습니다.

　사정전에서는 대신, 승지, 사관 등이 매일 왕을 알현하는 상참(常參: 매일 하는 아침 조회)이 있었고, 왕과 신하가 국정을 의논하였습니다. 또 이곳에서 왕은 신하들과 경연을 열어 공부를 게을리하지 않았는데, 세종 임금님은 20년 동안, 성종 임금님은 25년 동안 하루도 경연을 거르지 않았을 뿐 아니라 하루에 세 번이나 경연을 했다고 합니다. 과연 공부를 그토록 좋아하셨던 임금님의 신하들은 그 학문을 따라가기 위한 관리 생활이 만만치 않았을 거예요.

사정전에서 임금님의 업무를 기록하던 사관

　임금님은 사정전에서 상참이 끝나면 승지를 비롯하여 업무가 있는 관리들로부터 보고를 받았습니다. 이때에는 반드시 사관이 동석하여 왕에게 보고되는 모든 사항을 직접 듣고 기록했어요. 사정전 안에는 두 개의 작은 탁상이 있는데, 어전회의에는 회의 내용을 일일이 기록하던 사관들이 양쪽에 앉았습니다.

　사관의 기록인 사초(史草)는 왕이 죽은 후 《승정원일기》, 《일성록》과 함께 실록 작성의 가장 중요한 자료가 되었습니다. 특히 사초는 사관들이 나랏일을 정하는 회의에 빠짐없이 참가하여 왕과 신하들이 국사를 논의하고 처리하는 것을 사실대로 기록하고, 그 결정에 대한 자기 생각을 쓰고 비판도 하였습니다.

사정전 내부의 어좌

　조선시대에는 사관의 기록에 대한 관리가 매우 엄하여 사관 이외에는 아무도 간섭할 수가 없었으며, 임금님이라 하더라도 절대로 그들이 쓴 사초를 볼 수 없었어요. 그만큼 조선왕조의 기록문화에 관한 사관들의 도덕성은 엄격했으며, 그들의 기록은 비밀을 보장받았어요. 우리나라 기록문화가 얼마나 정직하고 사실적이었는지 알 수 있습니다. 국보 제151호인 《조선왕조실록》은 그 기록 보존의 우수성을 인정받아 유네스코 세계기록유산으로 등재되었습니다.

　태종 임금님은 사관을 두려워했다는데, 실록 기사 한 편을 살펴볼까요.

● 태종 4년(1404년 2월 8일) 4번째 기사

임금이 사냥하다가 말에서 떨어졌으나 사관에게 알리지 못하게 하다.
(임금이) 친히 활과 화살을 가지고 말을 달려 노루를 쏘다가 말이 거꾸러짐으로 인하여 말에서 떨어졌으나 상하지는 않았다. (임금이) 좌우를 돌아보며 말하기를, "사관(史官)이 알게 하지 말라." 하였다.

사냥을 좋아하던 임금님은 자신이 휴식을 취하기 위해 사냥을 가는데, 거기까지 따라온 사관이 못마땅했습니다. 그런데 사관을 오지 못하게 할 수는 없었어요. 사관은 왕의 모든 말과 움직임을 기록해야 하는 임무에 조금도 소홀할 수 없으니 말입니다. 임금님은 사냥터까지 따라온 사관 때문에 가뜩이나 불편하고 못마땅한 데다가 지나치게 신경을 쓴 탓인지, 그만 활을 쏘다가 말에서 떨어졌습니다. 말에서 떨어졌으니 얼마나 아팠겠어요. 그러나 임금님은 당장 자신의 몸이 아픈 것은 고사하고 이 사실을 사관이 알게 될까 걱정이 되었습니다. 말에서 떨어지자마자 좌우를 돌아보며 한 첫마디가 "사관이 알게 하지 말라"는 것이었습니다. 그런데 이 일을 사관이 모르게 하는 데 실패했음은 물론이고, 지금까지 온 세상 사람들이 다 알 수 있도록 인터넷에 《조선왕조실록》이 공개되었습니다. 자신이 말에서 떨어진 것을 사관이 모르게 하라던 임금님의 간절한 외침과 함께.

천자고와 지자고는 무슨 의미일까요?

 사정전의 남쪽 행각에 길게 늘어선 일자형 건물 기둥마다 무슨 팻말이 붙어 있네요. 무엇을 보관했던 것 같은데 궁금해요. 아하~ 왕실에서 쓰는 그릇 등 물품을 보관하던 창고라는군요. 서쪽부터 각 칸마다 천자문의 순서(天, 地, 玄, 黃, 宇, 宙, 洪, 荒, 日, 月)로 이름표를 달았습니다. 천자고, 지자고, 황자고, 우자고 하는 식으로 읽었겠지요. 지금 같으면 창고 1, 2, 3, 4…이거나, 창고 A ,B, C, D…라고 했겠지요. 맨 끝 동편의 창고가 월자고(月字庫)입니다.

사정전 남쪽 행각의 자자고(字字庫)

사정전 앞 해시계로 시간 읽기

원래 해시계는 수정전 앞쪽의 보루각에 있었답니다. 지금은 사정전 앞에 해시계가 설치되어 있습니다. 옛날 사람들은 해시계를 어떻게 읽었을지 궁금해요. 우리도 해시계를 읽어 볼까요.

확인
1. 해시계의 그림자 침은 정북을 가리킨다.
2. 그림자기 기리키는 선의 위치 중 가로 선은 절기를 나타낸다.
3. 세로 선은 시각을 나타낸다.

시각 측정
1. 1시간은 4칸으로 구분되어 15분씩이다.
2. 정중앙은 정오(낮 12시)이다.
3. 해시계의 위치는 동경 127°(서울의 경도)로 진태양시이다.
4. 현재 우리가 사용하는 시계는 동경 135°에 맞춘 표준태양시이다.
5. 지구는 타원의 태양 궤도를 14.5° 기울어진 지구축으로 자전하며 공전한다.
6. 시각 보정치를 보고 해시계를 읽어 현재 시각을 찾는다.

〈보정치〉

	1월	2월	3월	4월	5월	6월	7월	8월	9월	10월	11월	12월
1~10일	35~39	46~47	45~43	37~33	29~29	29~31	35~37	39~37	32~28	21~19	15	20~26
10~20일	39~43	47~46	43~40	33~30	28	31~33	38~39	37~35	28~24	19~17	15~17	26~30
20~30일	43~46	46~45	40~37	30~29	28~29	33~35	39	35~32	24~21	17~15	17~20	30~35

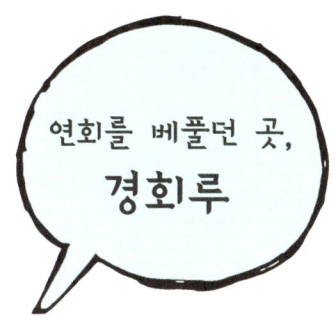

경회루(慶會樓)는 연못 가운데에 섬을 만들고 다리를 건너 들어가게 만든 2층으로 지은 집으로, 경복궁에 있는 전각 중 제일 큰 건물입니다. 경회루의 이름은 '경사스러운 연회'라는 뜻으로, 태종 임금님은 원래 이곳을 외국 사신을 접대할 목적으로 짓고, 신하들에게 연회를 베풀거나 가뭄이 들면 기우제를 지내는 등 여러 용도로 사용했습니다.

경회루를 받치고 있는 돌기둥은 모두 48개로 성종 임금님 때에 경회루를 수리하면서 바깥 기둥에 꽃과 구름과 용을 새겼는데, 신하들은 경회루 공사가 너무 사치하다며 임금님께 검소하게 할 것을 청하기도 했습니다.

> "경회루 돌기둥에 그리어 새긴 구름과 용과 화초들의 형상이 사치하고 화려함이 너무 심하다고 합니다. 청컨대 모름지기 새기지 말게 하여 검소한 덕을 밝게 보이도록 하소서." 하니, 전지(傳旨)하기를, "내가 장차 물어보겠다." 하였다.
> － 《성종실록》

48개의 돌기둥으로 이루어진 경회루 전경

　성종 임금님께서 유구국의 사신을 경회루에 초대하여 잔치를 베풀었는데, 기둥에 새긴 용이 거꾸로 물 속에 그림자를 지어 푸른 물결과 붉은 연꽃 사이에 보이기도 하고 숨기도 하는 멋진 풍경이 만들어지자 이를 본 사신이 감탄했다고 해요.
　고종 임금님 때 경회루를 다시 지으면서 기둥에 용을 조각하지 않았기 때문에 지금 그 모습은 볼 수 없습니다.
　그런데 1997년 경회루 연못 바닥의 흙을 파내고 청소할 때 구리로 만든 용이 나왔습니다. 흥선대원군이 경복궁을 복원할 때 놋쇠로 만든 용 두 마리를 경회루 못 속에 넣었다는 기록이 있는데, 이는 오행의 '금생수(金生水: 쇠가 물을 살린다)'에 해당하는 것이었습니다. 그리고 물과 불을 다스릴 줄 아는 용을 물 속에 넣은 것은 물로 불을 막으려는 의미도 있습니다. 우리 궁궐은 대부분 나무로 지었기 때문에 불이 나는 걸 예방하려고 물 속에 쇠로 만든 용을 넣은 거예요.

경회루 연못에서 출토된 용 (국립고궁박물관 소장)

경회루의 선경을 훔치고 출세한 구종직 이야기

　경회루 2층 마루에 앉으면 시원한 바람과 함께 멀리 보이는 풍경이 정말 아름다워요. 서쪽으로는 인왕산이 겸재 정선의 그림처럼 다가옵니다. 원래 경회루는 왕실의 연회 공간으로 아무나 들어갈 수 없던 곳이었어요. 담장도 매우 높아서 밖에서는 그 안을 들여다볼 수가 없었습니다. 이제 경회루 멋진 경치를 훔쳐보다가 출세한 집현전 학사 구종직(丘從直)을 만나보실까요.

　구종직은 세종 임금님 때 집현전 교서관으로 일하던 사람입니다. 그는 경회루의 경관이 아름답다는 말을 들어오다가 밤 근무를 하던 어느 날 몰래 경회루에 숨어들어 이리저리 경치를 즐기던 중, 마침 경회루에 거둥한 세종 임금님과 마주치게 되었습니다. 임금님은 먼저 그에게 왜 이곳에 들어왔는지 물었습니다. 구종직이 "전부터 경회루의 옥으로 만든 기둥과 요지와 같은 연못이 있어서 신선 세계와 같다는 얘기를 듣고 마침 입직하였다가 경회루가 멀지 않으므로 법을 범한 줄 모르고 구경하려 했습니다"라고 대답하였지요. 임금님은 구종직에게 벌로 노래를 해보라고 했습니다. 구종직이 노래를 잘했는지 임금님은 노래를 한 곡 더 부르게 하고 이어서 《춘추》(중국 역사서)를 외워보라 하였습니다. 평소에 공부를 게을리하지 않은 구종직이 춘추를 막힘없이 줄줄 외우자 이를 기특하게 여긴 임금님은 다음날 그의 벼슬을 정9품 교서관 정자에서 종5품 부교리로 승진시켰다는 이야기입니다.

　세상에, 법을 어기고도 벌은커녕 하루아침에 파격적인 승진을 하였으니 대간(사헌부·사간원 관리)들이 가만히 있을 리가 없었지요. 그도 그럴 것이 당시 관리가 한 품계를 승진하려면 일정 기간(450일 이상)을 개인적인 실수가 없어야 할 뿐 아니라 근무 성적이 뛰어나야 했답니다. 왕은 구종직의 승진에 부당함을 말하는 관료들 앞에 구종직을 불러 다시 춘추를 외워 보이게 함으로써 불평하는 신하들을 물리쳤다고 합니다. 학문을 좋아하던 임금님이시니 공부 열심히 하는 신하를 아끼고 그 본을 세우려 한 것 같습니다.

궁궐 안의 관청, 궐내각사

　　　　　　　수정전에서 서편으로 바라보면, 경복궁의 서문인 영추문 안쪽으로 넓은 잔디밭에 나무가 많이 심어져 있습니다. 이곳은 원래 경복궁의 궐내각사가 있던 자리입니다. 궐내각사란 궁궐 안에 있는 관청을 말합니다. 광화문 앞 육조거리를 '궐외각사'라 한다면, 왕을 측근에서 보필하던 여러 기구가 궁궐 안에 들어와 있는 것입니다.

　우선 왕의 가까이에서 나라 정책을 펼치는 데 중요한 역할을 했던 관청으로는, 왕이 학문을 배우고 바른 정책을 펼칠 수 있게 돕는 홍문관(옥당), 왕의 명령을 전달하는 승정원, 대신들의 회의 장소 빈청이 있었습니다. 그리고 왕을 지켜주는 군사도 있었는데요, 왕의 경호를 맡은 선전관청과 왕을 호위하고 궁궐 수비를 담당하던 도총부가 있어요.

　왕이 생활하는 데 도움을 주는 부서로는 왕의 시중을 들던 내시들이 일하는 대전장방과 내반원, 궁궐의 음식을 만들고 음식 담는 그릇을 책임지던 사옹원이 있습니다. 많은 정보와 지식을 담은 책

궐내각사 영역에 유일하게 남아 있는 수정전

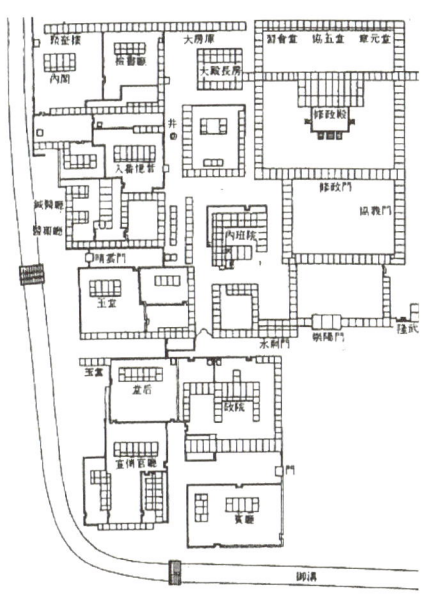

〈북궐도형〉에 그려진 궐내각사 영역

을 관리하던 규장각, 왕실의 건강을 담당하는 내의원과 약방, 천문과 날씨를 관측하는 보루원, 관상감, 간의대, 그 밖에도 상서원, 상의원, 전설사, 사복시 등 아주 많은 관청이 궁궐 안에 있었습니다. 그러나 이곳 궐내각사 영역은 일제강점기 가장 먼저 파괴되기 시작하여 현재는 수정전(修政殿)만 남아 있습니다.

수정전 자리에는 예전에 집현전이 있었어요. 집현전은 세종 임금님 때 학문을 연구하는 기관으로, 세종 임금님과 집현전 학자들은 우리나라의 과학, 문화 발전에 크게 기여했습니다. 무엇보다 세종 임금님의 뛰어난 업적은 백성을 위하여 만든 한글 반포에 있습니다. 그리고 측우기, 해시계의 발명, 천문기구의 제작은 여러분도 잘 알고 있는 것들이에요. 경회루 동쪽에는 시각을 알리던 옥루(물시계)가 있었고, 남쪽에는 종과 북, 징을 쳐서 시각을 알리는 자격루가 있었습니다. 그리고 북쪽에는 하늘을 관찰하는 관천대도 있었답니다. 세종 임금님 때 조선의 과학이 발전했던 흔적을 알 수 있습니다.

〈훈민정음〉 해례본

훈민정음(訓民正音)은 1443년 창제되어 1446년 음력 9월에 반포되었습니다. 훈민정음이란 '백성을 위한 바른 소리'라는 뜻입니다. 세종대왕은 집현전 학사들로 하여금 훈민정음의 본문을 풀이한 해례서를 편찬하게 했습니다. 훈민정음은 우리말 국어를 제대로 표기할 수 있는 문자로 세종대왕께서 집현전 학자들과 함께 연구하여 만든 우리글입니다. 임금님이 백성을 사랑하는 마음으로 자신의 뜻을 표현할 수 있게 쉬운 글자를 만들었습니다. 처음 글자 수는 28자이고 현재는 4글자가 없어지고 24자가 쓰이고 있어요. 세종대왕이 작성한 훈민정음의 원본은 훈민정음의 원리와 사용법 등을 설명한 한문 해설서로 해례가 붙어 있어 〈훈민정음〉 해례본' 혹은 '〈훈민정음〉 원본'이라 해요. 해례(解例)는 보기를 들어 내용을 풀이한다는 뜻이에요. 1962년 국보로 지정되었으며, 1997년 10월 유네스코 세계기록유산으로 등록되었습니다.

〈훈민정음〉 언해본

世솅宗종御엉製졩訓훈民민正졍音흠
나랏말ᄊᆞ미
中듕國귁에달아
文문字ᄍᆞ와로서르ᄉᆞᄆᆞᆺ디아니ᄒᆞᆯᄊᆡ
이런젼ᄎᆞ로어린百ᄇᆡᆨ姓셩이니르고져홇배이셔도
ᄆᆞᄎᆞᆷ내제ᄠᅳ들시러펴디몯홇노미하니라
내이ᄅᆞᆯ為윙ᄒᆞ야어엿비너겨
새로스믈여듧字ᄍᆞᄅᆞᆯ밍ᄀᆞ노니
사ᄅᆞᆷ마다ᄒᆡ여수ᄫᅵ니겨날로ᄡᅮ메便뼌安한킈ᄒᆞ고져홇ᄯᆞᄅᆞ미니라

현대어

세종 어제 훈민정음 (세종 임금이 직접 지은 글)
나라의 말이
중국과 달라
문자와 서로 통하지 아니하므로,
이런 까닭으로 어린(글을 배우지 못한) 백성이 이르고자 하는 바가 있어도
마침내 제 뜻을 능히 펴지 못하는 사람이 많으니라.
내가 이를 위하여 가엾게 여겨
새로 스물여덟 자를 만드니
사람마다 하여금 쉽게 익혀 날로 쓰기 편하게 하고자 할 따름이니라.

조선의 빛나는 과학기술 자동 물시계, 옥루기륜

세종 16년(1434) 장영실은 임금의 명으로 자동 시보장치를 갖춘 시계 자격루(自擊漏)를 처음 만들고, 1438년 더 발전된 기술로 옥루(玉漏)를 완성하여 세종 임금님께 바쳤습니다. 그리고 경복궁 천추전 서쪽에 흠경각(欽敬閣)을 지어 옥루를 설치했는데,《세종실록》에는 "옥루를 보고 공경함을 하늘같이 하여 백성들에게 절후(계절의 시기)를 알려준다는 뜻에서 집의 이름을 흠경각이라 하였다"라고 적고 있습니다.

장영실은 중국과 아라비아 물시계에 관한 문헌들을 연구하여 독창적인 천상시계(天象時計) 장치를 제작하였습니다. 수차(水車) 동력 장치를 이용한 중국의 물시계와 구슬을 작동시켜 인형이 시각을 알리는 아라비아 물시계의 원리를 도입하여 만든 옥루는 15세기에 만들어진 시계 중 가장 발전한 자동 물시계였습니다. 당시 중국 물시계의 장치는 사람의 손으로 움직였으나, 장영실은 독창적인 연구과 계산으로 스스로 작동하는 옥루를 만들었습니다. 장영실이 만든 옥루는 혼천의, 자격루 등과 더불어 당시 조선의 높은 과학기술 수준을 보여주고 있습니다.

옥루는 당시 최첨단 기술을 집약한 것은 물론, 세종 임금님이

추구한 농사가 나라의 근본이라는 철학을 시계에 표현했습니다. 종이로 7척(210cm 정도) 높이의 산을 만들고 산꼭대기에는 태양과 천체의 움직임을 보여주는 금빛 혼천의(渾天儀)가 돌고 있습니다. 오색 구름이 태양을 에워싸고 그 아래에는 4명의 선녀가 시각마다 종을 울립니다. 산기슭에는 동서남북 4면을 따라 봄·여름·가을·겨울이 펼쳐지고, 산 아래 평지에는 밭 가는 농부, 눈 내린 기와집 등 조선의 사계절이 묘사되어 있습니다.

물이 차면 물레방아처럼 생긴 수차가 움직여서 톱니바퀴를 돌리고, 기계 장치에 동력을 전달해 시각을 알려줍니다. 시계 내부에는 구슬을 이용하여 인형을 움직이는 장치가 있는데, 수차에 연결된 여러 단계의 톱니바퀴와 여기에 연결된 장치가 구슬을 건드리면 시각에 맞춰 선녀와 무사, 12지신 등을 순서대로 움직이게 합니다. 한 시간마다 선녀(인형)가 나와 종을 치고, 쥐·소·호랑이 같은 12지 신상은 시각에 맞춰 일어서도록 설계되었습니다.

세월이 지나면서 이 옥루는 사라졌는데, 2019년 국립과학관은 《세종실록》 등의 기록을 바탕으로 연구하여 자동 물시계 흠경각 옥루를 581년 만에 복원 제작하였습니다.

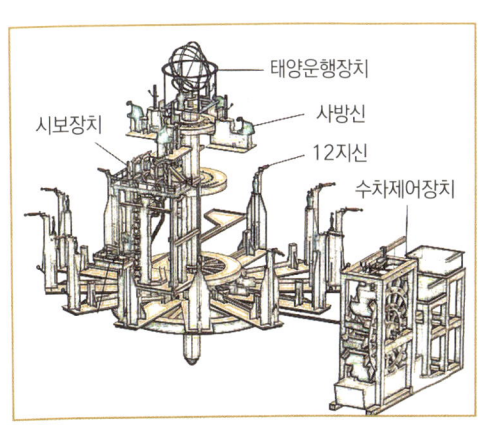
복원된 자동 물시계 옥루

뛰어난 과학기술자, 장영실

장영실은 동래현(지금의 부산) 관노(관청의 종)였는데, 물건을 만드는 솜씨가 뛰어나 태종 임금님과 세종 임금님께서 아끼고 보호했다고 합니다. 그의 신분은 노비에서 풀려나 관리가 되었습니다. 세종 임금님은 그를 중국에 파견하여 천문 과학기구를 연구하고 돌아오게 하였습니다. 장영실이 자격루를 만들었을 때 세종 임금님께서는 그를 칭찬하며 정4품 무관직에 임명하셨습니다.

"비록 나의 가르침을 받아서 하였지마는, 만약 이 사람이 아니었더라면 아만해도 만들어내지 못했을 것이다. 내가 들으니 원나라 순제 때에 저절로 치는 물시계가 있었다 하지만, 그 만듦새의 정교함이 아마도 영실의 정밀함에는 미치지 못하였을 것이다. 만대에 이어 전할 기물을 능히 만들었으니 그 공이 작지 아니하므로 호군(護軍)의 관직을 더해 주고자 한다."

이처럼 세종 임금님은 비록 신분이 미천하더라도 나라에 필요한 사람이면 그 재주를 아껴서 면천(천민의 신분에서 벗어남)시키고 상도 내려주던 어진 임금님이었습니다. 신분 사회인 조선시대에 장영실은 매우 특별한 경우였던 것입니다.

세종 임금님의 강력한 지원 아래 장영실은 해시계인 앙부일구 등 천문기기들과 자동 물시계를 만들었고, 강수량의 정확한 측정

장충단공원으로 옮겨 간 원래의 수표교   2003년 청계천 위에 본떠 만든 수표교

을 위해 세계 최초의 측우기와 수표도 만드는 등 많은 과학기기를 제작했습니다. 1441년에 만들어진 청계천 수표교(水標橋)는 단순히 물을 건너는 다리가 아니라 청계천의 수량을 측정하여 홍수에 대비하던 측량기구였습니다. 1958년 청계천을 덮는 복개공사로 인해 장충단공원으로 원래의 수표교가 옮겨진 후 지금까지 보존되고 있습니다. 그리고 2003년 6월 청계천복원공사 때 청계천 위에 원래의 수표교를 본떠 새 수표교를 만들었습니다.

임금님과 그 가족은 어디에서 생활했을까요? 경복궁의 내전(內殿) 영역이자 생활공간인 강녕전(왕의 침전)과 교태전(왕비의 침전)으로 가볼까요?

먼저 강녕전(康寧殿)은 임금님이 사는 집입니다. 강녕전의 문 이름, 향오문(嚮五門)은 오복(五福)을 향한다는 뜻입니다. '강녕'은 편안하고 건강함을 의미합니다. 왕이 마음을 바르게 하고 덕을 쌓아 오복을 모두 누릴 수 있다고 했습니다.

　임금님은 이곳 강녕전에서 먹고 자는 일상적인 생활뿐 아니라 가까운 대신을 만나 일상 업무를 보기도 하고, 왕실 가족을 위한 연회를 베풀기도 했습니다.

　강녕전 마당 안에는 모두 다섯 채의 집이 있는데, 이중 동쪽의 연생전(延生殿), 서쪽의 경성전(慶成殿)이 더 있습니다. 연생(延生)은 생명의 기운을 맞이한다는 뜻이고, 경성(慶成)은 완성함을 기뻐한다는 뜻입니다. 다섯 채의 집은 하늘에 있는 임금님의 별자리 5제좌(五帝座)를 상징합니다.

강녕전 무량각 지붕

강녕전 지붕에는 용마루가 없습니다. 이런 모양의 지붕을 무량각(無樑閣) 지붕이라고 해요. 침전 건물 지붕에 용마루를 두지 않는 것에 관하여 여러 가지 의견이 있으나, 그 의미를 정확히 알 수 있는 근거는 없습니다. 우선 위급한 상황일 때 다른 건물과 멀리서도 쉽게 구분할 수 있게 하는 기능적 의미를 생각할 수 있습니다. 그리고 음양오행의 개념으로 볼 때 자연의 기(氣)를 차단하는 용마루라는 무거운 인공 시설을 두지 않고 곡와(曲瓦: 위가 굽은 기와)를 써서 무량각 지붕으로 처리했다고 볼 수 있어요. 왕비의 침전인 교태전 지붕도 무량각 지붕입니다.

궁궐을 지키는 잡상

이곳 강녕전 월대에서 연생전이나 경성전 지붕 추녀마루를 보면 작은 형상물들이 줄지어 있는 것을 볼 수 있습니다. 아마 처음 경복궁에 들어왔을 때부터 문이나 건물의 지붕마다 이들의 모습이 있는 것을 보셨을 거예요. 바로 잡상이라 불리는 것들인데, 여기 강녕전 높은 월대에서 그 모습을 가깝게 볼 수 있어요. 잡상들은 하늘을 바라보며 왕의 궁궐을 지키고 있습니다. 궁궐 건축에만 나타나는 잡상은 지붕 추녀마루를 장식하는 토우의 일종으로 하늘로부터 오는 악귀의 침입을 막기 위해 두었다고 해요.

이들은 소설 《서유기》에 나오는 인물들과 토신(土神)으로, 제일 앞에 있는 인물은 삼장법사입니다. 그리고 손오공, 저팔계, 사오정의 순으로 이어집니다. 이들이 궁궐의 지붕에 있는 이유는 인도에 가서 부처님의 가르침을 적은 불경을 구해 당나라로 돌아오는 도중에 이 세상의 모든 악귀를 물리친 가장 용감하고 힘센 무리이기 때문입니다. 그러고 보니 삼장법사도 그렇고, 손오공도 그 자세가 아주 당당해 보이네요.

중국의 잡상 명칭이 선인 용, 봉황, 사자, 해마 등 도교적 성격과 길상 동물로 구성된 데 비해 조선 궁궐의 잡상은 토속적이고 벽사의 의미가 강합니다.

궁궐의 지붕

궁궐 지붕을 자세히 보세요. 지붕의 꼭대기에서부터 귀마루까지 장식된 동물 모습을 한 형상이 보이지요. 궁궐 지붕을 장식하는 것으로 취두, 용두, 잡상, 토수 등이 있습니다. 이런 장식을 기와에 얹은 이유는 궁궐에 침입하려는 나쁜 기운을 물리치고 궁궐을 잘 지키게 하려는 게 목적이에요.

더 알아보기

잡상: 옛날 소설 《서유기》의 주인공들과 여러 동물 모양이 귀마루에 있다.
취두: 지붕의 용마루 양 끝에 있고, 용 모양으로 생겼다.
용두: 지붕의 내림마루에 있는데, 용의 머리 모양이다.
토수: 지붕 추녀 끝 나무가 비에 젖어 썩지 않게 하기 위해 물고기 머리 모양으로 씌운 기와.

왕비님의 집, 교태전

　　　　　강녕전 뒤편에 교태전(交泰展)으로 들어가는 양의문(兩儀門)이 있어요. 교태전은 아홉 겹으로 둘러싸인 구중궁궐(九重宮闕)이라는 말이 실감날 만큼 궁궐 깊숙이 자리 잡았습니다. 교태전은 왕실의 공식 업무 중 내명부와 외명부를 다스리는 왕비님의 집무실이자 침전입니다. 임금님이 자신의 신하들을 다스린다면 왕비님은 여성의 품계인 내외명부의 다스리는 우두머리로 공식 업무를 보았습니다.

　왕비님의 침전 이름이 교태전이라고 해서 교태를 부린다는 의미로 착각하면 안 돼요. 여기서는 그런 뜻이 아니고 훨씬 깊은 뜻이 있는 이름이에요. 교태란 천지, 음양이 잘 어우러져 태평성대를 이룬다는 뜻입니다. 교태전의 이름은 주역의 64괘 중 11번째인 지천태(地天泰), 즉 양과 음의 화합이 가장 잘 이루어지는 태괘(泰卦)에서 유래했습니다.

　왕조의 기틀을 마련할 총명하고 건강한 왕자의 탄생을 기원하는 당시 사람들의 생각을 교태전 이름에서 읽을 수 있습니다.

내명부와 외명부란 후궁 중 빈(嬪)에 해당하는 정1품부터 상궁, 나인 등 궁궐 안의 모든 여성 품계인 내명부와, 종친이나 관리들의 부인이 받는 외명부의 품계를 말합니다.

보물이 된 아미산 굴뚝

교태전 뒤편의 굴뚝이 있는 언덕을 아미산이라고 하는데, 진짜 산은 아니고요, 신선이 사는 아름다운 동산을 의미합니다. 경회루 연못을 만들 때 나온 흙을 쌓아 계단식 화단을 꾸몄습니다. 백두산의 정기가 백악을 따라 이어지다가 아미산에 이르러 나라의 대를 이을 훌륭한 왕세자가 태어나기를 기원하는 의미를 담고 있습니다.

아미산에 아름다운 꽃이 피면 왕비님께서는 교태전에서 꽃피고 지는 계절을 즐기셨지요. 화려한 문양으로 꾸며진 굴뚝은 아주 특별합니다. 보통 굴뚝은 집 뒤에 붙어 있는데, 아미산의 굴뚝은 건물에서 뚝 떨어진 동산 위에 있네요. 교태전의 온돌을 덥힌 열기가 굴뚝으로 빠져나가는데, 땅밑에 있는 연도(연기가 빠지는 길)가 아미산 굴뚝으로 연결되는 거예요. 이렇게 연도가 길게 굴뚝으로 이어지면 방을 덥힌 열기가 쉽게 빠져나가지 않아 방이 더 따뜻하답니다. 우리 조상이 온돌 구조로 방바닥을 따뜻하게 하여 살았던 지혜는 참 놀랍습니다. 그런데 이곳 아미산 굴뚝의 치장은 아름답기까지 하네요. 아마 굴뚝을 보물로 지정한 나라는 우리나라밖에 없을 거예요.

꽃담으로 둘러진
자경전

　　　　　자경전(慈慶殿)은 고종 임금님의 양어머니인 신정왕후를 위해 지은 대비전으로 왕실의 최고 어른인 대비마마가 사시던 집이에요.

　'자경'이란 이름은 정조 임금님이 즉위하면서 어머니 혜경궁 홍씨를 위해 지은 창경궁에 있던 자경전에서 비롯되었는데, 자애로운 어머니에게 경사가 깃들기를 바라는 뜻입니다. 자경전으로 들어가는 만세문(萬歲門)은 어머니의 만수무강을 비는 의미가 담겨 있어요.

　대비마마의 침전인 자경전의 담장과 굴뚝에는 어머니께서 오래오래 행복하게 사시라는 기원을 담은 문양이 아름답게 꾸며져 있습니다. 꽃담에는 어머니께서 화창한 봄날 같이 오래도록 건강하시기를 바라는 소망을 담고 있습니다.

　이제 그 꽃담에 수놓은 옛사람들의 소망을 읽어 볼까요.

자경전 꽃담의 문양

자경전 꽃담의 매화나무에 앉은 새는 가장 고운 소리로 노래한다는 휘파람새라고 합니다. 꽃담장의 백 년 된 매화나무 가지에 앉은 어린 휘파람새는 봄을 노래하다가 잠시 달빛에 기대 졸고 있어요.

바자문　　　월매도　　　봄 춘(春)

매화나무와 휘파람새 꽃담이네.

휘파람새가 봄을 노래하다가 졸고 있대.

복숭아는 고대 중국 서쪽 멀리 곤륜산에 사는 신선 서왕모의 복숭아 나무에 열리는 선도(仙桃)를 말하는데, 불사약으로 알려져 하나를 먹으면 몇 천 년을 산다고 합니다.

만자문   천도복숭아   길 장(長)

회문   모란   해 년(年)

모란은 부귀를 상징하는 꽃으로, 예부터 꽃 중의 왕이라고 불렀어요.

석류는 열매가 익은 후 붉은 주머니 안에 빛나는 씨앗을 가득 담고 있는 모양으로 다산을 상징합니다.

| 귀갑문 | 석류 | 일만 만(萬) |

| 만자문 | 국화 | 편안할 강(康) |

국화는 늦가을 첫 추위를 이겨내고 피는 꽃입니다. 다른 꽃이 만발하는 계절이 지나 서리 내리는 늦가을에 인내와 지조를 꽃피웁니다.

영산홍은 모양과 색이 아름다워 많은 사람들이 사랑한 봄꽃으로, 연산군은 영산홍 1만 그루를 창덕궁 후원에 심어 가꾸게 했습니다.

편안할 강(康)　　　　　영산홍　　　　　　만자문

즐거울 락(樂)　　　　　대나무　　　　　　바자문

대나무는 추운 겨울에도 푸른 잎을 그대로 유지하는 절개로 선비들의 사랑을 받아왔다.

십장생 굴뚝

자경전 뒤뜰로 가면 북쪽 담장에 **십장생 굴뚝**이 있습니다. 십장생이란 죽지 않고 오래 사는 자연, 식물, 동물 등의 열 가지 소재를 말해요. 굴뚝의 꼭대기에는 연기가 빠져나가는 연가(굴뚝 위에 있는 연기가 빠져나가는 집 모양의 물건) 열 개가 얹혀 있고, 벽면 위에는 불로초를 입에 물고 있는 학이 날고 있어요. 굴뚝 벽면에는 어머니가 오래 사시기를 바라는 마음으로 해, 구름, 산, 바위, 물, 사슴, 학, 거북, 소나무, 불로초 등 십장생을 그렸습니다. 그리고 그 오른편에 연꽃과 오리가 있는 물가 풍경과 포도송이를 그려 집안이 화목하고 풍요롭기를 바랐습니다.

자경전 북쪽 담장의 십장생 굴뚝(보물 제810호)

십장생 굴뚝 옆면에 박쥐가 살짝 숨어 있네요. 옛날에는 한자로 박쥐를 편복(蝙蝠)이라고 했어요. 복의 발음이 복(福)과 같아서 집의 창살에도 보이고, 노리개 같은 여성의 장신구에도 많이 볼 수 있습니다. 복 많은 박쥐가 궁궐 여기저기에 숨어 있답니다.

박쥐 아래로 당초 문양이 보입니다. 당초는 원래 덩굴 식물입니다. 겨울이 지나 움트는 줄기가 뻗어가면서 끊임없이 이어지는 번영과 강한 생명력을 의미해요.

박쥐

십장생 굴뚝 옆면의 박쥐와 당초 문양

빙렬문

빙렬문(氷裂紋)의 '빙렬'은 얼음이 깨진 것 같은 형태에서 얻은 이름입니다. 경복궁 교태전과 자경전 꽃담의 빙렬문은 각종 꽃과 나비, 벌이 면마다 들어가 있어 아주 화려해요. 불을 때는 아궁이가 있는 곳에도 화재를 예방하는 의미로 물을 뜻하는 빙렬문을 두었습니다.

음식을 장만하던
소주방

　　　　　　궁궐에는 음식을 만드는 부엌이 어디에 있었을까요? 왕실 가족을 위한 음식을 장만하던 곳을 소주방(燒廚房)이라고 부른답니다. 자경전 만세문의 남쪽에 소주방이 있습니다.

　궁궐의 음식은 소주방에서 관리합니다. 내소주방에서는 아침, 점심, 저녁 수라를 장만하고, 외소주방에서는 궁중의 작은 잔치에 쓰이는 다과와 떡을 만들었습니다.

복원된 소주방 내부

왕세자의 집,
자선당

장차 국왕의 뒤를 이어 나라를 이끌어 갈 왕세자는 궁궐 동쪽에서 살았습니다. 왕세자가 사는 집은 궁궐의 동쪽에 있어서 동궁(東宮)이라고 불렀답니다. 그리고 동궁에 사는 왕세자도 집 이름대로 동궁으로 불렸어요. 동쪽은 해가 떠오르는 곳으로 새로운 기운이 일어나는 좋은 방향입니다. 경복궁의 동궁은 근정전과 사정전의 동편에 있고, 그 영역은 자선당(資善堂)과 비현각(丕顯閣)으로 구분되어 있습니다. 자선당은 왕세자와 세자빈의 생활공간이고, 비현각은 세자의 집무실입니다.

동궁전 앞으로는 세자를 교육하고 보필하는 일을 맡았던 세자시강원(춘방)과 세자를 경호하는 세자익위사(계방)가 있습니다.

궁궐 집에 대해 알아볼까요? 흥미롭게도 집과 집주인을 같은 이름으로 부르네요.

집이름	주인	사람	특징
대전(강녕전)	대전	임금님	
중궁전(교태전)	중전	왕비, 중전	옛날에는 누구를 부를 때 그가 사는 집 이름으로 불렀다.
대비전(자경전)	대비	왕의 어머니 또는 할머니	
동궁전(자선당)	동궁	왕세자	

조선의 으뜸 궁궐, 경복궁 탐방 117

궁금한 궁궐의 뒷간

옛날 사람들은 궁궐 안에 용변을 보는 화장실을 어디에 두고 살았을까요? 왕실의 윗분들은 개인 용변기인 매우틀을 사용했을 테지만, 궁궐에 사는 그 많은 사람들은 생리현상을 어떻게 해결했을까요? 경복궁의 원래 모습을 짐작할 수 있는 지도 〈북궐도형〉을 살펴보면 경복궁에는 뒷간이 28군데 정도 있던 것을 확인할 수 있어요. 현재는 동궁 영역인 자선당과 비현각 구역의 두 군데 뒷간이 복원되었습니다.

어! 그런데, 여기가 뒷간이라구요? 쉿, 사람들이 하필이면 여기에서 기념사진을 찍고 있는데, 여기가 뒷간인 줄 모르는 걸까요. 사실은 저도 이렇게 예쁜 화장실은 처음 봤답니다.

궁녀들은 화장실을 측간(廁間), '급(急)한데 작은 집'이라고 불렀어요. 그런데 이 측간은 무척 멀어서 어린 궁녀들은 혼자 가기 무서워서 두셋씩 모여서 같이 갔다는 거예요.

궁궐의 뒷간은 큰 집에서 뚝 떨어진 별채로 짓거나, 본채를 둘러싸고 있는 행각의 일부에 설치하였습니다. 행각의 일부라 하여도 본채에서는 멀리 떨어진 곳, 행각의 출입문과 가까이에 있어 될 수 있는 한 외부와 잘 통하는 곳에 배치하였습니다.

왕과 왕비의 개인 용변기, 매우틀

매우틀이란 궁중 용어로 임금님의 이동식 변기를 말해요. 그리고 임금님의 대변을 매화(梅花)라 했어요. 이것은 우리가 변소를 화장실이라고 하듯이 왕의 대소변을 매우(梅雨: 매화 열매와 비)로 부른 거예요. 매우틀은 의자식 변기인데, 'ㄷ' 자 모양의 나무틀로 엉덩이가 닿는 부분은 빨간 우단으로 덮고, 그 틀 아래에 반짝반짝 닦은 구리로 된 그릇을 끼워 대소변을 받게 되어 있습니다. 그러고 보니 아기들이 어릴 때 사용하는 유아용 변기가 혹시 매우틀을 모방해서 만든 건 아닐까요? 아기들이 응가하던 변기가 임금님의 매우틀과 닮았다니 재미있어요.

왕이 매우틀을 사용할 때는 이것만을 취급하는 궁녀가 매우틀 용기에 매추(梅麤)라는 잘게 썬 여물을 뿌려서 가져옵니다. 그 후 측근 궁녀가 다시 그 위에 매추를 뿌리고 덮어서 내가고, 필요한 경우 내의원에서 매우의 상태를 보고 임금님의 건강을 살폈습니다. 여러분이 어렸을 때 어머니가 아기의 건강을 살피기 위해 기저귀를 확인하던 것과 같은 거예요.

돌아온 자선당 주춧돌

　　　　　자선당은 일제강점기에 경복궁의 많은 전각이 파괴되면서 일본으로 팔려갔습니다. 일본인 무역상 오쿠라는 도쿄에 있는 그의 집에 자선당을 옮겨 짓고 개인 미술관으로 사용했습니다.

　그러나 1923년 관동대지진으로 건물은 불타고 집을 받치던 주춧돌만 남게 되었습니다. 이 돌무더기는 1993년 일본 도쿄 오쿠라 호텔 정원에서 발견된 자선당 주춧돌이었습니다.

　이후 자선당 유구의 반환을 위한 노력으로, 1995년 우리나라에 돌아왔습니다. 자선당의 주춧돌은 무관심 속에 버려져 있다가 고향인 경복궁으로 돌아왔지만, 정작 자선당을 복원할 때는 '돌이 불을 먹어서' 받침돌로 사용할 수 없었기 때문에 제자리에 돌아가지 못했습니다.

　불에 타 검게 그을리고 무너져 내린 돌더미는 건청궁 옆 녹산(鹿山)에 그렇게 되돌아왔습니다. 지진으로 불을 먹은 돌은 지금도 겉이 부서져서 떨어지고 있습니다. 그리고 그 유구가 놓여 있는

건청궁 뒤편 녹산에 위치해 있는 자선당 기단 주춧돌

곳이 명성황후의 시신을 일본인들이 불태웠던 자리이고 보면 당시 힘없던 나라의 역사가 다시 우리를 가슴 아프게 합니다. 나라를 잃으면 사람뿐만 아니라 건물도 이렇게 수난을 당했습니다.

경복궁의 후원
향원정

자경전을 지나 북쪽으로 올라가면 커다란 연못이 보입니다. 연못 한가운데 있는 섬 위에 아름다운 정자가 있습니다. 바로 향원정(香遠亭)입니다. '연꽃 향기가 멀리 갈수록 더욱 맑아진다'는 뜻에서 따온 이름입니다.

향원정은 왕실 가족의 휴식 공간으로, 연못 북쪽에는 섬으로 건너갈 수 있는 아주 예쁜 무지개 같이 생긴 다리가 있어요.

우리나라 최초의 전기 발상지

한국 최초의 전기발상지 표지석

향원정 연못 북쪽에 작은 표지석이 있는데, 이곳이 고종 임금님 때 세워진 한국 최초의 전기발상지라는 내용입니다. 1887년 3월 6일 건청궁 전등에 점화하고 경복궁에 750개의 전등을 켜는 점등식이 있었는데, 당시 동양에서 가장 뛰어난 전기시설이었습니다. 이때 발전실은 연지 남쪽에 설치하고, 연못의 물로 동력 발전을 일으켜 전구를 켜서 어두운 밤을 밝혔습니다. 당시 궁궐 안의 사람들뿐만 아니라 궁 밖의 사람들도 이 신기한 광경을 보려고 담장으로 모여들어서 몹시 소란했다고 해요. 어떤 궁녀들은 소란한 발전기 소리와 대낮같이 밝은 불빛 때문에 잠을 못 잤다고 합니다.

건청궁과 명성황후

　　　　　　　　　건청궁(乾淸宮)은 고종 재위 10년 국왕이 직접 정사를 보겠다는 뜻을 굳게 하고 경복궁 북쪽에 지은 집입니다. 12세에 즉위한 고종 임금님은 이제 22세의 어른이 되었으니, 아버지 흥선대원군의 간섭을 받지 않고 신하들과 직접 나랏일을 이끌어나가려고 했습니다. 고종 임금님은 이곳 건청궁에서 각종 업무를 보고 외국 사신을 접견했습니다.

　그 당시 우리나라가 속한 동아시아의 국제 정세를 보면, 청일전쟁과 러일전쟁에서 차례로 중국과 러시아를 이긴 일본이 서양의 강대국과 나란히 동양의 강자가 되려고 했습니다. 그런데 조선왕조의 외교정책 방향이 러시아와 가까워지려고 하자 명성황후를 없앨 계획을 세웠어요.

　1895년 10월 8일 새벽, 경복궁 건청궁에서 아주 끔찍한 일이 일어났습니다. 일본인들이 경복궁에 침입하여 우리나라의 왕비를 살해했습니다. 명성황후가 일본인에 의해 시해된 이 비극적인 사건을 을미사변이라고 해요. 생명의 위협을 느낀 고종 임금님과 왕

명성황후

곤녕합의 남쪽 누각 옥호루

세자는 경복궁을 탈출하려는 계획을 세웠어요. 그리고 고종 임금님은 이듬해인 1896년 2월 러시아공사관으로 피신하는 아관파천을 단행하였습니다. 주인을 잃은 건청궁은 1909년에 일본인들에 의해 헐려 사라졌고, 경복궁도 본격적으로 훼손되기 시작했습니다. 이렇게 사라졌던 건청궁은 2006년 복원이 완료되었습니다.

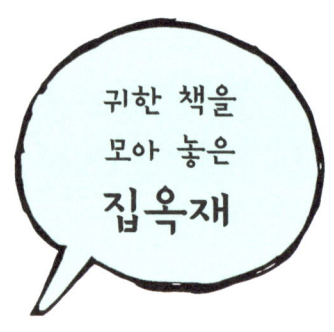
귀한 책을
모아 놓은
집옥재

건청궁 서쪽에는 '옥같이 귀한 책을 모아 둔 집'이라는 의미의 집옥재(集玉齋)가 있습니다. 고종 임금님께서 수많은 귀한 서적을 보관하고 서재로 사용하던 집으로, 중국풍의 화려한 건물입니다.

가운데 집옥재를 중심으로 동쪽으로는 협길당(協吉堂), 서쪽으로 팔우정(八隅亭)과 복도로 연결되었습니다. 고종 임금님은 집옥재에서 영국, 일본, 오스트리아 등 외국 공사들을 접견하였습니다.

신무문 바깥 청와대길

　　　　　팔우정 뒤편으로 경복궁의 북문인 신무문(神武門)이 보입니다. 원래 신무문은 닫아두었다가 임금이 경복궁 밖 후원으로 갈 때 열었습니다. 신무문의 바깥은 청와대 길입니다. 청와대 터는 원래 고려의 궁궐터였는데, 태조 때부터 이곳을 경복궁의 후원으로 사용했습니다. 이곳에는 융문당, 융무당 등의 큰 정자도 있었고, 왕께서 직접 군사 훈련을 점검하고 연회도 베풀었습니다.

태원전(泰元殿)은 경복궁의 서북쪽 맨 끝부분에 있습니다. '태원(泰元)'은 하늘을 뜻합니다. 태원전은 왕이나 대비, 왕비가 승하한 후 발인(장례 때 상여가 집에서 떠나는 그런 절차)하기 전까지 시신을 안치하는 빈전으로 사용했습니다.

태원전은 대왕대비 신정왕후가 돌아가셨을 때 빈전으로 사용하였고, 1895년 명성황후의 빈전도 이곳에 차렸습니다. 명성황후의 국상 기간 중 고종 임금님은 태원전 공묵재에서 신하들을 소견하고, 새 능을 만드는 일 등을 의논하였습니다.

태원전 현판

장고를 지키는 장고마마

태원전에서 경회루 쪽으로 가다 보면 소나무밭이 나오고, 약간 높은 곳에 계단식 담장이 보이는데, 경복궁의 장고입니다. 장고는 매일 먹는 음식은 물론이고, 궁중 연회나 제례 음식에 쓰이는 장을 보관하던 곳입니다. 햇볕을 많이 받기 위해 계단식 장독대로 조성하였습니다.

조선시대 왕실에서는 장을 담당하는 상궁 장고마마가 직접 장을 담그고, 장항아리가 있는 장고도 관리했습니다. 궁궐 안 장맛을 책임지던 장고마마는 매일 장고 문을 자물쇠로 열고 주방 나인들에게 장을 덜어주었다고 해요. 그리고 장고마마는 매우 엄격하게 장고를 관리하는데, 그도 그럴 것이 옛 어른들은 장맛이 변하면 나쁜 일이 생긴다고 할 정도로 장맛을 중요하게 여겼기 때문이지요. 그래서 경복궁 장고 문에는 아무나 들어가지 못하게 새끼줄로 금줄을 달아 놓았답니다.

금줄이 쳐진 장고의 예성문

궁궐에 항아리가 많이 있었네.

장고마마님이 직접 장을 담그고 관리했던 장고야.

부록—조선의 왕위계보

대	국왕	즉위년도	재위 기간	즉위 장소	참고
1대	태조	1392년	6년	개경 수창궁	개경에서 즉위 후 한양 천도
2대	정종	1398년	2년	경복궁 근정전	개경으로 수도를 다시 옮김
3대	태종	1400년	18년	개경 수창궁	개경에서 한양으로 돌아옴
4대	세종	1418년	32년	경복궁 근정전	
5대	문종	1450년	2년	동별궁 빈전	세종대왕이 동별궁에서 승하
6대	단종	1452년	3년	경복궁 근정문	세조에게 양위
7대	세조	1455년	13년	경복궁 근정전	
8대	예종	1468년	1년	수강궁 중문	세조가 수강궁에서 승하
9대	성종	1469년	25년	경복궁 근정문	
10대	연산군	1494년	12년	창덕궁 인정문	
11대	중종	1506년	38년	경복궁 근정전	중종반정
12대	인종	1544년	8개월	창경궁 명정전	
13대	명종	1545년	22년	경복궁 근정문	
14대	선조	1567년	41년	경복궁 근정전	
15대	광해군	1608년	15년	정릉동행궁 서청	선조가 정릉동 행궁에서 승하
16대	인조	1623년	26년	경운궁 즉조당	인조반정
17대	효종	1649년	10년	창덕궁 인정문	
18대	현종	1659년	15년	창덕궁 인정문	
19대	숙종	1674년	46년	창덕궁 인정문	
20대	경종	1720년	4년	경희궁 숭정문	
21대	영조	1724년	52년	창덕궁 인정문	
22대	정조	1776년	24년	경희궁 숭정문	
23대	순조	1800년	34년	창덕궁 인정문	
24대	헌종	1834년	15년	경희궁 숭정문	
25대	철종	1849년	14년	창덕궁 인정문	
26대	고종	1863년	44년	창덕궁 인정문	특사 파견을 빌미로 강제 퇴위
27대	순종	1907년	3년	경운궁 돈덕전	

부록—궁궐에서 쓰는 말 잇기

궁궐에서 쓰던 말과 일상생활에서 쓰는 말을 줄로 이어 보세요.

일상생활에서 쓰는 말	궁궐에서 쓰는 말
얼굴	매우틀
식사하다	용안
변기	침수 드오시다
손	용루
방귀	수라 드시다
바지	옥수
주무시다	너비아니구이
일어나다	비수
불고기	봉지
콧물	젓국지
김치	기수 배설합쇼
이불을 깔다	통기
눈물	침수 나오시다

부록―십자낱말풀이 1

	1	2		3				7		
						8				
4				5						
							9		11	
		6								
						10				
		12								
					18	19		20		
13	14									
				16	17				21	
						22	23			
	15									

〈가로열쇠〉

① 임금님이 앉으시던 옥좌 뒤편에 놓인 병풍
④ 임금님이 신하들과 공부하던 것을 일컫는 말
⑥ 경복궁 정문
⑧ 태양의 그림자를 이용해서 시각을 측정하던 시계
⑩ 궁궐에서 임금님이 걸어 다니던 길
⑪ 한자로 편복(蝙蝠)이라고 하고, 복(福)을 상징하는 문양으로 많이 사용함
⑫ 동, 서, 남, 북을 지키는 상서로운 동물(청룡·백호·주작·현무)
⑬ 임금님이 공식적인 행사를 하던 궁궐의 으뜸 건물
⑮ 왕실 가족들이 생활하고 잠자는 공간

⑯ 광화문 바깥에 관청(이조・형조・공조・예조・병조・호조 등)들이 모여 있던 큰 길
⑱ 태조 이성계가 지은 조선시대 최초의 궁궐
㉑ 왕비마마가 생활하고 업무를 보던 집
㉒ 화재를 막기 위해 무쇠로 만든 커다란 물그릇

〈세로열쇠〉

② 건물을 떠받치고 있는 높고 널찍한 기단
③ 태평성대에만 나타난다고 여겨지는 상상의 새
④ 임금님이 외국 사신이나 신하들과 함께 연회를 베풀던 이층 건물
⑤ 경복궁의 서쪽 문
⑦ 정1품, 정2품 등 관리의 지위를 나타내는 표지석
⑧ 옳고 그름을 구별할 줄 아는 상상의 동물
⑨ 옛날 한양을 둘러싸고 있는 18.6km의 도성
⑪ 궁궐 뜰에 깔던 돌판
⑫ 임금님이 행하던 모든 일을 기록하는 관리
⑭ 앞쪽에는 정치하는 공간을 두고, 뒤쪽에는 생활하던 공간을 두었던 궁궐 구조를 일컫는 말
⑰ 국가 행사나 조회 때 관리들이 늘어서던 마당
⑲ 궁궐에서 일하던 여성 공무원
⑳ 흥례문을 들어서면 만나는 경복궁의 금천교
㉓ 나라를 지키고 군사 일을 맡아보던 관리

정답
● 가로 열쇠-1 일월오봉병, 4 경연, 6 광화문, 8 해시계, 10 어도, 11 박쥐, 12 사방신, 13 법전, 15 침전, 16 육조거리, 17 조정, 18 경복궁, 20 영제교, 22 드므
● 세로 열쇠-2 월대, 3 봉황, 4 경회루, 5 건춘문, 7 품계석, 8 해치, 9 한양도성, 11 박석, 12 사관, 14 전조후침, 19. 궁녀 21. 교태전, 23 무관